Wolfram Weimer

CREDO

Wolfram Weimer

CREDO

WARUM DIE RÜCKKEHR DER RELIGION GUT IST

Deutsche Verlags-Anstalt
München

INHALT

7 Prolog

13 Das politische Comeback

27 Vom Kalten Krieg zum Kulturkrieg

35 Der philosophische Zusammenhang

50 Warum die Rückkehr der Religion gut ist

51 *Das kulturelle Argument*

60 *Das politische Argument*

70 *Das ethische Argument*

PROLOG

Das 21. Jahrhundert wird ein Zeitalter der Religion. Gott kehrt zurück, und zwar mit Macht – im doppelten Sinne des Wortes. Nicht nur als philosophische Kategorie, revitalisierte Tradition, theologische Überzeugung oder spirituelle Kraft. Er kommt mitten hinein in den politischen Raum. Dieses Traktat vertritt die These, dass sich der Säkularisierungsprozess umkehren wird. Wir gehen vom postmodernen ins neoreligiöse Zeitalter.

Dabei schien Gott schon mausetot. Sie hatten ihn systematisch umgebracht, die Philosophen, die Psychologen, die Ideologen der abendländischen Neuzeit. Friedrich Nietzsche und Charles Darwin, Arthur Schopenhauer und Karl Marx und all ihre Epigonen. Sigmund Freud diagnostizierte den Gottesmord zutreffend als die große »Kränkung« der Moderne. Das 20. Jahrhundert und seine gottvergessenen Ideologien dokumentierten dies schließlich mit pathologischer Brutalität. Am Ende besorgten der Alltags-Atheismus und die Vergesslichkeit eines materialistischen Zeitalters den Rest. Die postmodernen Wohlstandsgesellschaften spülten sogar die kulturellen Restbestände des Christentums aus dem Bewusstsein einer geistig zerstreuten Zeit. Scheinbar.

Denn nun geschieht das völlig Unerwartete: Gott kehrt plötzlich zurück. Die Religion erlebt rund um den Erdball eine Renaissance, die kaum einer für möglich gehalten hätte. Nur in Westeuropa ist die »Wiederkehr der Götter« (Friedrich Wilhelm Graf), die »Rückkehr der Religionen« (Martin Riesebrodt), die »Desecularization of the World« (Peter Berger) erst langsam in Fahrt gekommen. Nicht mehr lange.

Mit der gelassenen Arroganz unserer Aufklärung betrachten wir die religiösen Eruptionen um uns herum noch als Rückschritte. Schließlich trägt jeder gebildete Europäer die Kritik des Metaphysischen mit sich herum wie ein Erbstück vom Großvater. Kopernikus rückt die Welt aus ihrer Mitte, Kant macht uns die Grenzen der Erkenntnis klar, Darwin biologisiert unsere Herkunft, Feuerbach (»Das Wesen des Christentums«) erinnert uns an den Projektionscharakter der Religion, Marx enttarnt ihr politisches Wesen (»Opium des Volkes«), und mit Freud (»Die Zukunft einer Illusion«) betrachten wir Gott immer auch als Vexierspiel unserer eigenen Psyche. Kurzum: Wir tragen Nietzsches Gott-ist-tot-Postulat wie Wechselgeld unserer Sinngebung durchs Leben.

Obendrein hält es das alte Europa nach den bitteren Erfahrungen der Religionskriege schlichtweg für vernünftig, die Sphären des Religiösen und des Politischen tunlichst zu trennen. So sehr, dass man sich in der EU-Verfassung den Gottesbezug nicht einmal mehr zu erwähnen getraut hat.

Inzwischen aber wirkt dieses alte Europa wie eine agnostische Insel in einem Meer neo-religiöser Bewegungen. Die Neo-Religiosität erobert sich den öffentlichen Raum der großen Weltpolitik. Die neue und zum Teil aggressive Vitalität des Islam ist dabei nur die sichtbarste Entwicklung. Auch der christlich-orthodoxe Kulturkreis, ganz Osteuropa lädt sich religiös neu auf. Asien befindet sich in theologischer Restauration. Vor allem aber in den USA – der wichtigsten Nation des Erdkreises – ist der Prozess allenthalben manifest und politisch bereits umgeschlagen. Immer deutlicher wird sichtbar, dass die neue Religiosität politisch dramatische Folgen haben könnte – selbst so säkular geprägte Staatengebilde wie die moderne Türkei werden zutiefst erschüttert durch die Religionsbewegung. Sogar Indien und China erleben ein politisch brisantes Comeback der Massenspiritualität.

Das 21. Jahrhundert wird wohl auch uns Europäer lehren, dass das Agnostische nicht das Ende der Geschichte ist. Vielleicht wird Europa aufgrund seiner enormen intellektuellen Kraft sogar vom neo-religiösen Nachzügler zu einem kulturellen Gestalter dieses Prozesses. Was man nur wünschen kann, um den gefährlichen Teil dieses gewaltigen Trends gewissermaßen zu zivilisieren. Denn die Wiederkehr von »Glaubenskonflikten in der Weltpolitik« (Wilfried Röhrich), der blutige »Clash of Civilizations« (Samuel Huntington) sind längst keine Gespenster mehr. Ob man sie nun als »Rache Gottes« (Gilles Kepel) oder als »Kampf für Gott« (Karen Armstrong) deutet, der »Terror im Namen

Gottes« (Mark Juergensmeyer) und die »Sacred Fury« (Charles Selengut) sind bereits Wirklichkeit. Da könnte Europa, das schon aus historischer und geistesgeschichtlicher Erfahrung genau um die gefährliche »Ambivalenz des Heiligen« (Scott Appleby) weiß, das wilde Pferd des Neo-Religiösen zähmen, domestizieren und zum kultivierten Ausritt bewegen.

Zurzeit wirkt Europa noch wie der kühle Pol der globalen religionspolitischen Erhitzung. Bei genauem Hinsehen aber zeigt sich, dass wahrscheinlich gerade aus der europäischen Tragödie im 20. Jahrhundert für die Welt ein Signal ausging, das die globale Rückbesinnung auf Religionen befördert hat. Denn das Europa des 20. Jahrhunderts hat die Welt gelehrt, dass ohne Gott die politischen Katastrophen noch teuflischer geworden sind.

Das 20. Jahrhundert war – theologisch gesehen – eines der gottlosesten der Menschheitsgeschichte. Politisch gesehen wurde es auch deswegen zur humanitären Katastrophe. Die großen politischen Ersatzreligionen – der Faschismus und der Kommunismus – haben nicht nur Abermillionen Menschenleben gekostet und das Elend in die Seelen ganzer Generationen eingraviert. Sie haben auch aus der Heimat aller modernen Kulturen, aus dem guten, alten Europa, die grausame neue Hölle gemacht – und es damit verraten.

Europa hatte nach dem Dreißigjährigen Krieg (1618 bis 1648) einen politischen wie intellektuellen Komment, dass es im Sinne der praktischen Vernunft wohl besser sei, den lieben Gott aus der Politik und dem öffentlichen Leben zu verbannen. Nur – infolge seiner philosophischen und habituellen Vernichtung zum Ende des 19. Jahrhunderts geriet Europa ins andere Extrem. Die beiden Weltkriege sind aus der Perspektive des 21. Jahrhunderts der zweite Dreißigjährige Krieg Europas (1914 bis 1945) gewesen. Der erste war von radikalen Theismen getrieben. Den zweiten schürten radikale Atheisten.

So wie die führenden Gesellschaften nach dem ersten Dreißigjährigen Krieg die Religion instinktiv marginalisierten, so werden sie nach dem zweiten Dreißigjährigen Krieg das Gegenteil tun. Womöglich könnten die Todesmaschinerien von Faschismus und Kommunismus, die Europa und die Welt bis 1989 geprägt haben, einen ähnlichen psychologischen Langzeiteffekt haben wie der Dreißigjährige Krieg innerhalb Europas. Nur umgekehrt. Zu Beginn des 21. Jahrhunderts mobilisiert sich eine gewaltige Antithese, die nun das Religiöse wie einen Reflex zurückbringt ins Bewusstsein der Weltbevölkerung.

Dieses Traktat vertritt jedenfalls die These, dass das Pendel zurückschlägt. Und um es gleich vorwegzunehmen: Entgegen düsterer Prophezeiungen muss das gar nicht schlecht sein.

DAS POLITISCHE COMEBACK

Wenn derzeit über das Comeback der Religion räsoniert wird, gilt gemeinhin der 11. September 2001 als das zentrale Bezugsdatum. Selbst theologiekritische Intellektuelle vermeinen inzwischen die religiöse Zeitenwende zu spüren, die mit diesem Ereignis einhergeht: »Als hätte das verblendete Attentat im Innersten der säkularen Gesellschaft eine religiöse Saite in Schwingung versetzt«, befindet Jürgen Habermas. So richtig es ist, dass der 11. September als die formale Geburtsstunde des polit-religiösen Jahrhunderts angesehen werden kann – tatsächlich aber begann die historische Zeitenwende schon Jahre zuvor.

Das Ende der globalen Säkularisierung bahnte sich tief in der zweiten Hälfte des 20. Jahrhunderts an.

Die doppelte humanitäre Katastrophe des Faschismus und Kommunismus hat den Marsch in die Moderne ethisch gewissermaßen entkleidet. Die kulturelle und intellektuelle Pervertierung des Fortschrittsglaubens in entgöttlichten, radikal-diesseitigen Ideologien beendete, zunächst unterbewusst, zunehmend dann auch reflektiert den Säkularisierungsprozess, weil dieser seine moralische Integrität verloren hatte. Europa war nach dem ersten Dreißigjährigen Krieg so weit von Gott weggelaufen, wie es nur irgend ging, um diesem Trauma religiöser Verblendung zu entfliehen. Am Ende geriet es ins neue Trauma der Freiheitsverblendung und Selbstvergottung.

Robert Spaemann beschrieb den jahrhundertelangen Säkularisierungsprozess einmal als »Teleologieabbau« – seitdem Rousseau damit begonnen habe, den Menschen aus seinem Telos, seiner universellen Zielgerichtetheit, in die reine Natur zu entlassen. Die Katastrophe des 20. Jahrhunderts ließ die Sehnsucht nach einer religiösen Unbedingtheit zurückkehren. Die teleologiefreie Zone der Weltgeschichte war buchstäblich implodiert.

Wie religiös ist Europa?

	Osteuropa	Westeuropa
über 75 %	Polen, Rumänien, Litauen, Kroatien, Slowakei, Lettland, Ukraine	Portugal, Italien, Griechenland, Österreich, Dänemark, Malta
50–75 %	Slowenien, Russland, Ungarn	Irland, Island, Finnland, Belgien, Niederlande, Nordirland, Luxemburg, Spanien, Deutschland
unter 50 %	Bulgarien, Tschechien, Estland, Weißrussland	Frankreich, Großbritannien, Schweden

Anteil der Religiösen an der Gesamtbevölkerung Quelle: Europäische Wertestudie 2002

Internationale Vergleichsstudien zur Religiosität zeigen, dass Europa einen ungewöhnlichen Anteil an Nicht-Gläubigen aufweist. Die große Europäische Wertestudie offenbart allerdings zwei Überraschungen: Zum einen halten sich auch heute noch zwei Drittel (67 Prozent) der Europäer für religiös. Der Anteil der Nicht-Religiösen liegt unter 30 Prozent. Als Atheisten bezeichnen sich etwa fünf Prozent. Zum anderen ist der Anteil der Religiösen in den letzten Jahren von 63 Prozent (1982) auf 65 Prozent (1990) bis 67 Prozent (2000) gestiegen. Dabei zeigen sich freillich erhebliche regionale Unterschiede.

Aber nicht überall. So ist es kein Zufall, dass die Religion den politischen Raum durch die Tür Amerikas wieder betrat, die einzige Großmacht des Abendlandes, die ohne traumatische Brüche und moralische Diskreditierung noch direkt an der Nabelschnur der Vormoderne hing. Schon für Tocqueville war Amerika »in der Welt der Ort, wo die christliche Religion am meisten wirkliche Macht über die Seelen bewahrt hat … hier verschmilzt die Religion mit allen nationalen Gewohnheiten und vaterländischen Gefühlen; das verleiht ihr eine besondere Kraft«.

Das blieb auch im gottlosen 20. Jahrhundert so. Amerika verkörperte eine religiös aufgeladene politische Kultur mit Strahlkraft – eben eine Tocquevillesche »Zivilreligion« –, selbst als Europa in existenzialistischen Selbstzweifeln und in tiefer Ironie versank. Amerika trug die Re-Missionierung daher bereits als Blaupause in die Welt zurück, als alle noch auf die Trümmer der europäischen Säkularisierung starrten.

Schon der Kalte Krieg gegen den Kommunismus wurde zum ersten Glaubenskrieg der Postmoderne. Denn mit der Sowjetunion stand den christlich-religiösen USA eine betont atheistische politische Kraft gegenüber. Das war der Nationalsozialismus auch, aber der stellte im Wesentlichen eine machtpolitische und keine intellektuelle Auseinandersetzung dar. Der Kommunismus schon. Und deswegen führte dieser globale Konflikt zu einer ersten großen Schärfung des religiösen

Selbstbewusstseins in Amerika und in anderen Teilen des Westens. Seitdem ist der »Kampf gegen Ungläubige« nicht nur ein Topos abendländischer Politik, er ist auch ein Legitimationsmuster der eigenen Macht und ein Identitätsstifter von relativistischen Freiheitsgesellschaften.

Nicht dass dies irgendwie von langer politischer Hand gesteuert oder im Pentagon, bei der CIA, im Vatikan oder bei Walt Disney Teil eines Masterplans gewesen wäre. Aber das Ergebnis war die Transponierung der religiösen Idee in den machtpolitischen Raum – lange bevor es al-Qaida gab. Dass am Ende des Kalten Krieges die Religion sogar einen sehr greifbaren Part beim Sturz der kommunistischen Regime spielte – man denke nur an die Rolle der katholischen Kirche in Polen –, war insofern auch kein Zufall. Und im islamischen Raum wurde der Afghanistan-Krieg zur ersten sichtbaren Politisierung der Konstellation Gläubige versus Ungläubige. Die Mudschaheddin konnte man nur zum jahrelangen und letztlich erfolgreichen Widerstand gegen die total säkularisierten Sowjetinvasoren bewegen, indem man ihre religiösen Saiten zum Schwingen brachte. Die Amerikaner sollten es später noch bereuen, dass sie das Spiel mit der religiösen Massenrevitalisierung in dieser Region machtpolitisch derart befördert hatten. Am Ende aber schloss sich der Kreis, indem die religiösen Amerikaner ihren Widerstand gegen die politischen Religionen Europas beendeten und den islamischen Kulturraum mit in die Re-Theologisierung führten. Spätestens in der Rhetorik und Politik Ronald Reagans bekam der Missionscharakter des Kalten Krieges gegen die Sowjetunion dann auch seine programmatische Rückkopplung an die Religion.

Wie wichtig ist US-Amerikanern die Religion?

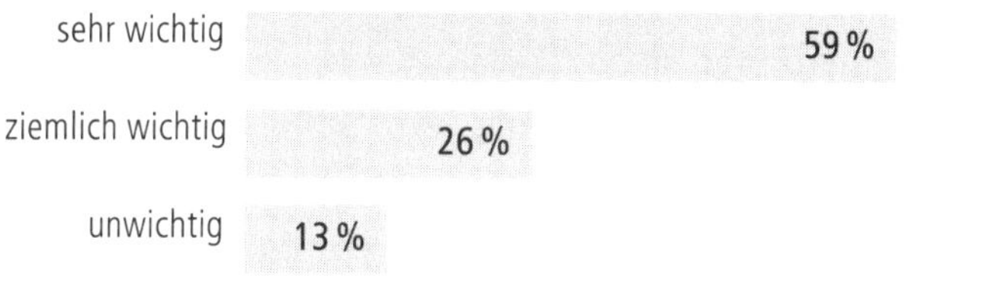

Quelle: Gallup 2006

In Amerika wird die breite *Resurgence of Religion* jedenfalls schon seit Anfang der achtziger Jahre diagnostiziert, und so wundert sich keiner, dass in den jüngeren Wahlkämpfen die Politiker öffentliche Glaubensbekenntnisse intimster Art ablegen. US-Soziologen haben diesen Prozess sehr klar dokumentiert. Auch heute noch wünschen sich laut Umfragen mehr als 70 Prozent der Amerikaner »einen deutlich stärkeren Einfluss der Religion auf die Politik«. Die strategische Allianz, die Amerikas Konservative im Allgemeinen und die Republikanische Partei im Besonderen mit den Evangelikalen geschlossen haben, sicherte ihnen strukturelle Mehrheiten weit über den *Bible Belt* hinaus. Die amerikanische Gesellschaft – seit jeher religiöser als Europa das wahrhaben wollte – hat sich in den vergangenen Jahrzehnten wieder so sehr der Religion zugewandt, dass alle Fragen nach moralischer Integrität, nach emotionaler Identität und nach dem *Vision Thing*, wie Polit-Profis jeden ideellen Überbau der Realpolitik gerne bezeichnen, mit der Religion beantwortet worden sind. Das heutige Amerika ist auch im Alltag wieder wesentlich kirchenbezogener, als es dies in den siebziger Jahren war. Heute bilden sich selbst mitten im Finanzzentrum New Yorks wieder Tausende von Gebetsgruppen am Arbeitsplatz. *Breakfast Prayer Meetings* oder *Lunchtime Bible Studies* sind Zeugnisse eines ziemlich unerwarteten Comebacks der Religion.

Dass sich die religiösen Sphären ausweiten und inzwischen die Welt des Politischen stark beeinflussen, wird kaum jemand mehr bezweifeln. Merkwürdigerweise aber werden Religion und Glauben gemeinhin nur als Sekundäreffekte sozialer oder wirtschaftlicher Phänomene interpretiert. Dass sie originär sind und unmittelbar politisch wirken, hat der Harvard-Professor Samuel Huntington in seinen Büchern über Religions- und Kulturspannungen schon lange vor dem 11. September 2001 festgestellt. Nur wird er bis heute dafür arg gescholten.

Selbst nachdem am 11. September 2001 die gekaperten Flugzeuge in die New Yorker *Twin Towers* rasten und eine Serie von Bombenattentaten auf westliche Ziele, von Touristen in Bali oder Ägypten bis zu U-Bahn-

Pendlern in London oder Madrid, nach sich zogen, suchte das europäische Bewusstsein zunächst nach sozio-ökonomischen Ursachen für den neuen Krieg des 21. Jahrhunderts. Unser eigener Ökonomismus und Materialismus prägten so sehr unser Denken, dass uns andere Erklärungsmuster fremd, ja, fast ideologisch erschienen. Erst zögernd begriffen die westlichen Gesellschaften, und noch langsamer ihre Intellektuellen, dass dieser Konflikt ganz wenig mit Geld, aber sehr viel mit Gottessehnsüchten zu tun hat. Die meisten Attentäter – von New York bis Bagdad – entstammten relativ wohlhabenden Familien, waren hochgebildet und hätten beste Perspektiven für ein gutbürgerliches Leben nach westlichen Vorstellungskategorien gehabt. Die anfängliche Annahme, hier handele es sich um ein soziales Phänomen, hier revoltierten die armen Massen des islamischen Raums gegen die ungleiche Verteilung von Reichtum in der Welt, ist inzwischen gründlich widerlegt.

Langsam haben wir begriffen, dass immer mehr Menschen auf der Erde nicht von Geld und Gier, sondern von religiösen Gefühlen motiviert werden.

Auch das zweite gängige Erklärungsmuster – es handele sich bei religiösem Fanatismus um ein Phänomen zurückgebliebener Kulturen – erweist sich bei genauem Hinsehen als völlig falsch. Immerhin ist im Westen das modernste und am höchsten entwickelte Staatengebilde – die USA – religiös am weitesten aufgeladen.

Im islamischen Raum sind es ebenfalls die reichen und höherentwickelten Länder wie Saudi-Arabien oder der Iran, in denen die religiösen Impulse für politisches Handeln am aggressivsten wirken. Das neue Zeitalter der *Religio-Politics* wird nicht von den Peripherien, sondern von den Kraftzentren der Globalisierungsbeschleunigung definiert.

Damit wird klar, warum die Religion auch ohne den islamistischen Terror als gesellschaftliche und politische Macht zurückkäme. Denn selbst die säkularisiertesten Kulturen registrieren seit einigen Jahren jenes Phänomen, das William James als »Wille zum Glauben« beschrieben hat. Damit ist ein messbares Bedürfnis nach moralischer Letztbegründung, nach »Werteorientierung« gemeint. Auch wenn Nietzsche solcherlei als »Begriffs-Halluzination« diffamiert hat, die nur gilt, wenn man an sie glaubt, so ist das Phänomen doch da. Die Rückkehr des Aberglaubens und der Sekten, die Ausbreitung der Esoterik, die massenhaften Formen privatisierter Metaphysik, ja, der neuerdings anzutreffende Respekt vor dem »Wertkonservativen« sind Indizien dafür.

Die Renaissance der Religion im Westen wird von der ethischen Dürftigkeit der materialistischen Wohlstandsgesellschaften befördert. Die neue Legitimation des Christlichen als politisch-moralische Instanz baute sich mit dem Zusammenbruch des Kommunismus auf. Die Kirchen spielten die Rolle als moralisch integre

Oppositionsbewegungen gegen Diktatur und Entmündigung in Osteuropa und eroberten sich so im öffentlichen Bild politisch-moralische Autorität zurück. In den großen Ethos-Debatten der Medizin und der Naturwissenschaften erfuhr die religiöse Bewegung plötzlich wieder Achtung. Ob menschliches Klonen oder »Euthanasie«, Beginn oder Ende des Lebens: Die neoreligiöse Bewegung formierte und artikulierte sich erfolgreich, weil die total säkularisierte Gesellschaft ethisch auf schwankenden Grund geraten war.

Sind Sie religiös?

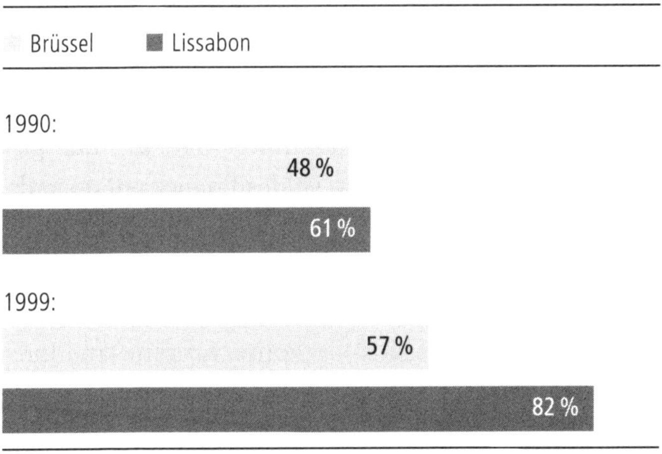

Quelle: Europäische Wertestudie 2003

Die Großstädte gelten traditionell als die am meisten entchristlichten Regionen Europas. Nach den Zahlen der Wertestudie scheint sich aber auch hier eine Trendwende anzubahnen. In Brüssel, Lissabon und Wien ist die Zunahme an Religiosität besonders signifikant.

Auf einmal schienen politische Kompromisse auf den Feldern der Bioethik ohne fundamentalen Wertebezug nicht mehr denkbar: Die neue Wertorientierung wurde schon über die Sprachfindung hergestellt, denn in den neunziger Jahren gelang es religiösen Gruppierungen erstmals seit Jahrzehnten wieder, die Sprache und die Metaphorik des Religiösen in den politischen Raum zurückzuführen. Worte wie »Schöpfung« oder »Demut« kamen plötzlich wieder heraus aus den Kirchen und hinein in den öffentlichen Diskurs. Theologen avancierten zu beliebten Talk-Show-Gästen und wurden als Experten gefragt, während gleichzeitig Politiker aller Couleur aus der religiösen Motivation ihrer Position auch öffentlich keinen Hehl mehr machten.

Wie kulturübergreifend das Comeback der Religionen inzwischen spürbar ist, zeigt selbst ein Blick nach China, wo die politische Emanzipation der neuen kapitalistischen Klasse zuvorderst über religiöse Bewegungen (von Falun Gong bis zur christlichen Missionierung) voranschreitet. Aber auch in Indien sind Nehrus Vorstellungen von einer säkular-sozialistischen parlamentarischen Demokratie in den vergangenen Jahren von mehreren und immer stärkeren religiösen Bewegungen attackiert worden. Wie in der Türkei siegte auch dort jüngst eine religiöse Sammlungsbewegung und machte das tief greifende Comeback der Religion in der Gesellschaft zum politischen Faktum.

Die Sowjetunion wiederum lebt den Kulturwechsel in seiner vollen Bandbreite aus. Sie war eine bekennend atheistische Weltmacht. Sie ist just in dem Moment, in dem die Religion massiv in die Weltpolitik zurückkehrt, implodiert und einem russischen Staat gewichen, der in mancherlei Hinsicht die alte orthodoxe Kultur zu seinem neuen Kleid gewählt hat. So behauptet Vladimir Putin heute in just jenem Kreml, den die gottlosen Kommunisten für Jahrzehnte okkupiert hatten, dass der christlich-orthodoxe Glaube »für die Verankerung und Entwicklung von Russlands Spiritualität und Kultur« entscheidend sei. Binnen zwei, drei Jahrzehnten ist die Religion in Russland aus den entlegensten Nischen provinzieller Privatheit zurückgekehrt – mitten hinein in das politische und gesellschaftliche Bewusstsein einer Weltmacht. Am Beispiel Russland lässt sich der Comeback-Effekt der Religion aus den ideologischen Trümmern des 20. Jahrhunderts besonders plastisch

Glauben Sie an ein Leben nach dem Tod?

Ja!

Polen	97 %	Ungarn	73 %
Portugal	90 %	Deutschland	67 %
Russland	87 %	Großbritannien	64 %
Österreich	84 %	Frankreich	61 %
Spanien	80 %	Belgien	58 %
Schweiz	77 %	Niederlande	51 %
Finnland	74 %	Tschechien	37 %

Quelle: Readers Digest 2005

beobachten. Hier war es Alexander Solschenizyn, der 1994 in einem dramatischen Appell öffentlich forderte: »Holt Gott zurück in die Politik!« Inzwischen ist dies geschehen.

In Russland glauben nach repräsentativen Umfragen heute wieder mehr als zwei Drittel der Bevölkerung an Gott. Der atheistische *homo sovieticus* ist eine Episode der Geschichte geblieben. Allerdings zeigen die soziologischen Studien, dass der atheistische Anteil der Bevölkerung bei den heute 50- bis 60-Jährigen besonders hoch ist, die gewaltsame Säkularisierung durch den Kommunismus in dieser Generation also Spuren hinterlassen hat. Umso bemerkenswerter ist die Rückkehr der russischen Jugend zum Bekenntnis religiöser Identität.

Dieser Trend zeichnet sich in vielen Staaten Europas ab. Allerdings heißt das nicht immer, dass damit die Kultur der Kirchlichkeit zurückkehrt. Die neue Religiosität zeigt sich in neuen Typologien. So diagnostiziert die jüngste Europäische Wertestudie in Europa vier dominante Cluster: Ein gutes Drittel der Europäer sind klassische, intensive, kirchenorientierte Religiöse. Etwa zehn Prozent kann man als »Privatreligiöse« bezeichnen, deren Glaubensbewusstsein vital ist, aber weitgehend ohne Kirchenorientierung. Ein weiteres Drittel der Europäer gelten als »Distanzsympathisanten« ohne engere Kirchenbindung und ohne ausgeprägtes Religionsbewusstsein, aber ausgestattet mit einer Grundsympathie und Offenheit für den Wertekanon der christlichen Kultur. Etwa zwanzig Prozent der heutigen Europäer sind »Atheisierende« mit einer kritischen oder distanzierten Haltung zu Kirche und Religion. Das heißt: Das Verhältnis der religionsoffenen Europäer zu den Ablehnenden steht heute bei 80 zu 20.

Paul Nolte beschreibt das übernationale Comeback des religiösen Bewusstseins so: »Wie in einem System konzentrischer Kreise, die unserem eigenen Standort immer näher rücken, hat sich allenthalben die neue Aufmerksamkeit für Religion in den letzten Jahren aufgebaut.«

Wenn man die Wiederkehr des religiösen Bewusstseins im politischen Raum weiterdenkt, lässt sich erahnen, welche identitätsstiftende Kraft in diesem Prozess steckt. Womöglich wird das Nationale als Identifikationsfigur der Massen nachlassen, insbesondere in einer globalisierten Welt des permanent erfahrbaren Multikulturalismus. Womöglich wird die Religion das neue Gefäß kollektiver Identität. Schon jetzt macht der Be-

Wie viele Deutsche glauben an Gott?

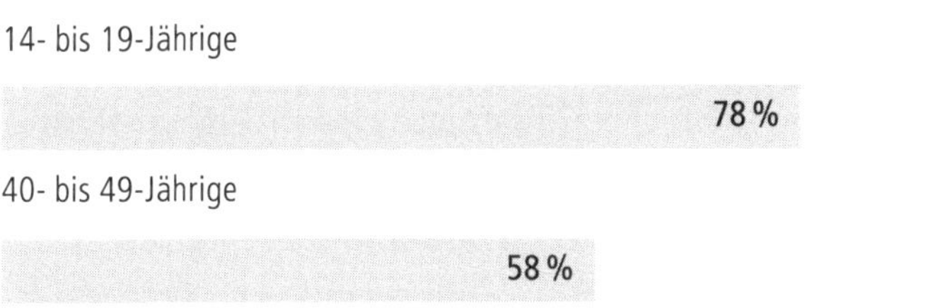

Quelle: Gallup

griff der »Glaubensbrüder« Karriere. Im islamischen Raum ist er längst zu einem starken Ferment politischen Verhaltens geworden. Wer sagt uns, dass wir nicht auch im Westen in einigen Jahren in den Kategorien des Christlichen die politische Weltkarte betrachten und politische Ereignisse danach beurteilen.

Die enorme Popularität des Papsttums zu Beginn des Jahrtausends ist ein Vorbote. Dass Millionen von Jugendlichen ausgerechnet einer der ältesten klerikalen Institutionen der Menschheitsgeschichte zujubeln, hätte man vor wenigen Jahren ebenfalls für unmöglich gehalten. Die verblüffende Zuneigung der westlichen Massen zu Johannes Paul II. und auch zu Benedikt XVI. ist ein sicheres Indiz für eine Religions-Revolution, in der wir uns befinden. Denn alles an diesen Päpsten scheint anti-modern.

Mit der demonstrativen Krönung zweier Konservativer zeigt die katholische Kirche, dass das Gegenteil von Veränderung nicht Stillstand, sondern Treue bedeuten kann, dass das Gegenteil von Moral nicht Freiheit, sondern Amoral heißen kann. Mit Karol Wojtyla und Joseph Ratzinger erscheinen altmodische Werte wie Demut, Verantwortung, Würde, Nächstenliebe nicht mehr wie niedliche Accessoires einer Welt, in der das Eigentliche immer nur das Machbare und Moralfreie zu sein hat. Sie sind plötzlich forderndes Programm. Denn wo das ironische Denken dominiert, wird alles Moralische zur Provokation.

VOM KALTEN KRIEG ZUM KULTURKRIEG

Die stark erhöhte Bedeutung der Religion für die Identität von Nationen und die Handlungen der Politik hat auch zur Folge, dass religiöse Fragen in allen Erdteilen immer häufiger bei Konflikten und Kriegen eine Rolle spielen. Ob in Tschetschenien oder Bosnien, in Kaschmir oder Nordirland, in Pakistan oder im Sudan, im Libanon oder auf Timor oder jüngst in den Kleinrepubliken Zentralasiens – die Religion bildet immer den Kern der blutigen Konflikte.

Der Sturz des Schah-Regimes im Iran war das erste sichtbare Scheitern eines westlich-säkularen Staatsmodells an einer religiös aufgeladenen Revolutionsbewegung. Die iranische Revolution markierte eine Zeitenwende im gesamten islamischen Raum. Fortan standen nicht nur Diktatoren gegen Völker, Stämme gegen Stämme, Reiche gegen Arme – fortan wurde das völlig aus der Mode gekommene Gegensatzpaar Gläubige gegen Ungläubige zu einem Kernmotiv großer Politik. Wer anfangs glaubte, dies beträfe nur die zurückgebliebene Kultur eines in seinem Mittelalter verhafteten Islam, der sah sich bald getäuscht. Bis tief hinein in die moderne Türkei, in Atatürks säkularen Staat, griff die islamistische Bewegung ein. Selbst dort gewann 2002 eine religiöse politische Partei die Wahlen. Wie übrigens bei fast allen Wahlen des islamischen Raums seit etwa zwei Jahrzehnten die religiösen Parteien hinzugewinnen.

Die politische Revitalisierung des islamischen Fundamentalismus ist also seit vierzig Jahren im Gang. Seither gärt es im gesamten Kulturkreis so sehr, dass es an seinen Rändern zusehends aggressiv wird. Egal, wo der islamische Kulturkreis an andere Kulturen grenzt, es kommt immer häufiger zu gewaltsamen Auseinandersetzungen. Erst heute begreifen wir im Westen, dass die Christenverfolgungen in Afrika, die Kämpfe im Kaukasus, der Krieg um Tschetschenien, die neuen Bürgerkriege in Zentralasien, die blutigen Dauerkämpfe an den Grenzen Indiens oder die Konflikte rund um Indonesien letztlich immer die gleiche Ursache haben: den Expansionismus einer religiös neu aufgeladenen Kultur.

Ungeklärt ist allerdings die Frage, warum all das gerade jetzt passiert. Orientalisten und Islamwissenschaftler streiten über die These, der Islam sei in sein missionarisch-aggressives Mittelalter eingetreten, die Aufklärung lasse leider noch auf sich warten. Soziologen interpretieren die Eruption des islamischen Raums als Prozess sozialen Widerstands gegen die westliche Dominanz in Wirtschaft und Kultur. Vielleicht liegt die Antwort auf die Frage »Warum jetzt?« viel näher. Nämlich bei uns.

Der moderne Islamismus wurde erst geboren, als Faschismus und Kommunismus implodierten, als Europa geistig und moralisch Bankrott erlitten hatte. Das weltanschauliche Vakuum, das die europäischen Ideologien hinterließen, saugte die politisierte Religiosität an wie eine Unterdruckkammer die Luft. Der ethische Offenbarungseid des Westens machte einen verwestlichten Schah mit seinem Prunk sturzreif und überließ extremistischen Mullahs den Schauplatz. Sie okkupierten das brachliegende Feld des Moralischen und konnten es politisch systematisch instrumentalisieren – bis hin zur Ideologie der moralischen Überlegenheit des Islam. An der Geschichte des Staates Israel lässt sich der Zusammenhang besonders deutlich ablesen. Die unerträglich heikle Lage des modernen Israels ist eine Frucht der gottlos-bösen Taten Europas – ein direktes Erbe des Kolonialismus und Faschismus. Man stelle sich vor, die Verhältnisse des frühen 20. Jahrhunderts herrschten in Europa – hätten wir dann heute einen Nahost-Konflikt?

Somit wird auch Israel selber in den vergangenen Jahren religiös neu aufgeladen. Ben Gurions strikter Säkularismus wird jedenfalls zusehends von orthodox-jüdischen Gruppen in Frage gestellt. Auch hier politisieren die Religiösen immer sichtbarer und färben die nationale Identität Israels unter religiösen Kategorien. In manchem sind die orthodoxen Bewegungen Israels eine Reaktion auf die aggressiv-religiöse Wiederaufladung der umliegenden arabischen Kultur. Das Ergebnis aber bleibt auch hier: Das religionspolitische Comeback entfaltet eine ungeahnte Wucht.

Insofern zieht sich eine Kausalkette von überzogener Säkularisierung zu Faschismus und Kommunismus und über die geistesgeschichtliche Gegenreaktion hin zu neuen religiösen Ismen. Nun sind die langen Bögen der Kulturgeschichte das eine und die geopolitische Aggression des modernen Islamismus das andere. Dieser präsentiert sich heute zusehends wie eine totalitäre Ideologie, die für die westliche Zivilisation die dritte existenzielle Bedrohung (nach Faschismus und Kommunismus) darstellt. Ihr wird man weder durch naives Appeasement Herr noch mit einer auf das Militärische fixierten Politik. Dieser Kampf der Kulturen entscheidet sich in den Köpfen der Noch-Unentschiedenen. Und zwar bei jenen unentschlossenen und halbentschlossenen Muslimen, die der radikale Islamismus zu verführen sucht. Diese Auseinandersetzung um die Köpfe und die Herzen der Mehrheiten ist ein zutiefst kulturelles Ringen um die Widersprüche von Moderne und Tradition. Um hier die Werte des Abendlandes zu verteidigen, muss das Abendland sich seiner Werte aber auch selbst bewusst werden.

Die abgekühlte Religion des Christentums wird also aus dem Unterbewusstsein des Westens wieder auftauchen. Wie in einem Pendelspiel fangen die nicht-islamischen Religionskreise plötzlich an, ihre eigenen Überzeugungen, Traditionen, Religionen zu revitalisieren. Verkürzt könnte man sagen: Die Islamisten bomben allen anderen ihre Gottheiten zurück. Tatsächlich aber weist die neue politisierte Aggressivität des Islam auch positiv auf uns selber zurück. Sie stärkt das eigene kulturelle und ethische Bewusstsein und legt die verschütteten Grundmauern unserer geistigen Behausungen wieder frei.

Der enorme Druck dieser religiösen Kraftfelder lastet insbesondere auf Israel. Hier ist nicht nur geografisch und kulturell die Bruchstelle im globalen Kampf der Kulturen. Hier entlädt sich auch zuvorderst die totalitäre Ideologie des neuen Islamismus. Wenn der iranische Staatspräsident in Teheran einerseits die Atombombe bauen lässt, andererseits Israel »von der Landkarte löschen« will, wird klar, was für ein Konflikt auf die Welt zukommen könnte. Die Lage rund um Israel ist heute wie diejenige vor 50 Jahren rund um Berlin. Der Kalte Krieg von damals wiederholt sich in neuer Konstellation – nur diesmal ist der Ost-West-Konflikt nicht ideologisch, sondern religiös determiniert. Dass just in Israel Mauern und Grenzen entstehen, wie einst in Berlin und Deutschland, ist daher kein Zufall. Es droht in einer größeren Dimension ein neuer Eiserner Vorhang niederzugehen.

Im Westen wird zur Befriedung des Konflikts vor allem ein »Dialog der Kulturen« beschworen. Dieser Begriff ist ein »Alles-wird-gut« für die Weltpolitik, ein Fetisch der Selbstberuhigung. Er klingt wie eine faule Zauberformel wider die Ratlosigkeit in religiösen Konflikten.

Erstens offenbart er politische Hilflosigkeit vor der Größe der Auseinandersetzung, die sich da zusammenbraut. Denn wie im Kalten Krieg des 20. Jahrhunderts werden auch im Kulturkrieg des 21. Jahrhunderts Mauern errichtet, Atombomben gebaut, Ideologien mobilisiert, Stellvertreterkriege geführt. Die Gegner selbst, aggressive Ideologen, einst Kommunisten, heute Islamisten, machen die eigentliche Qualität der Auseinandersetzung klar: Hier geht es nicht um Karikaturen oder Kopftücher, hier geht es um das Ganze.

Der »Dialog der Kulturen« ist dabei begrifflich so etwas wie die »friedliche Koexistenz« im Kalten Krieg. Ein politischer Waffenstillstandsversuch, eine rhetorische Anästhesie, die die schläfrige Einsicht befördern soll, wo Rauch ist, sei kein Feuer, sondern eine Menge Menschen mit Friedenspfeifen.

Zweitens macht es einen stutzig, dass der Begriff als Tautologie daherkommt, als weißer Schimmel gewissermaßen. Denn es gibt gar keine Kultur ohne Dialog; auch keinen Dialog ohne Kultur. Ein Dialog der Kulturen ist etwas so minimal Selbstverständliches, dass die Forderung danach für eine echte Kultur fast beleidigend ist.

Oder aber der Begriff soll etwas egalisieren, was nicht egal ist: Freiheit und Ideologie zum Beispiel, Menschenrecht und Fundamentalismus, Karikatur und Waffe. Man hat zuweilen den Verdacht, dass der »Dialog der Kulturen« so gerne beschworen wird, weil es einem unangenehm ist, brutale Wahrheiten anzuerkennen. Wenn Frauen millionenfach misshandelt werden, wo liegt der kommunikative Kompromiss? Wenn Kinder zu Selbstmordattentätern erzogen werden, was gibt es da zu dialogisieren? Wenn Israel ausgelöscht werden soll, kann man darüber ernsthaft reden?

Der große Toleranzphilosoph Karl Popper erinnerte eindringlich daran, dass man im Namen der Toleranz das Recht beanspruchen muss, die Intoleranz nicht zu tolerieren.

Wenn man im Westen nun, anstatt die Freiheit der Kritik zu verteidigen, in Sachen Karikaturen Selbstzensur übt, dann kann man auch gleich Lessings Ringparabel aus dem Lehrplan streichen, denn sie relativiert die Lehre Mohammeds. Dieser »Dialog der Kuluren« bestünde dann wohl darin, den Pudel der Toleranz so lange zu streicheln, bis der eigene Maulkorb fertig ist. Man erinnert sich beim gegenwärtigen Kotau vor den Islamisten jedenfalls an Friedrich Nietzsches Beobachtung, wonach anbiedernde Toleranz den Verrat am eigenen Ideal in sich trägt.

Ein drittes Element lässt das Mantra vom »Dialog der Kulturen« zweifelhaft erscheinen. Wovon handelt eigentlich dieser Dialog? Von Politik und Macht? Von Kunst und Literatur? Nein, er müsste im Kern von Religionen handeln. Da aber sind viele im Westen diskursunfähig geworden. Die weithin säkularisierte Kultur des Westens ist sich ihrer religiösen Tiefenstruktur gar nicht mehr bewusst. Wie soll eigentlich dialogisiert werden, was man selber gar nicht mehr versteht. Wer im Westen hat noch eine präzise Vorstellung von etwas Heiligem? Worüber man nicht sprechen kann, darüber muss man schweigen, empfahl Ludwig Wittgenstein.

Es geht beim Dialog der Kulturen also um keine ernste Empfehlung für etwas Konkretes, es geht um eine politische Befriedungsvokabel. Sie soll sagen: Lasst uns bloß lieb miteinander sein. Das ist schön und gut. Und zuweilen können diplomatische Scheindialoge viele brennende Fragen wenigstens in eine schwelende entschärfen.

Nur – bei der Struktur des vorliegenden Konfliktes klingt dies ein bisschen nach dem Kind, das in eine Schlangengrube gefallen ist und den Reptilien nun vorschlägt: Wollen wir nicht lieber reden als beißen?

Den Konflikt mit dem Islamismus kann man kaum mit intellektuellem Appeasement entschärfen, vielmehr mit kultureller Selbstbehauptung. Wenn man sich aus Teheran vorschreiben lässt, welcher Journalismus vertretbar ist und welcher nicht, stellt man sich freiwillig unter die Knute der Religionspolizei. Das wäre Selbstverrat an der Aufklärung. Unser Wertegefüge wird von islamistischen Ideologen systematisch herausgefordert. Wir sollten dem weder aggressiv noch kriecherisch begegnen, sondern mit ernstem Stolz und dem Selbstbewusstsein einer reifen Kultur, die nach so vielen inneren Tragödien um den Wert der Freiheit weiß. Dem »Dialog der Kulturen« muss eine Mobilisierung der eigenen Kultur vorausgehen.

DER PHILOSOPHISCHE ZUSAMMENHANG

Seit der Aufklärung ist die Kritik des Metaphysischen Teil unserer geistigen Grundüberzeugungen. Kant vollzog die Grenzfestlegung unserer Erkenntnis, Hume (»Naturgeschichte der Religion«) und Feuerbach (»Das Wesen des Christentums«) erinnerten uns an den Projektionscharakter der Religion, Marx enttarnte ihr politisches Wesen (»Opium des Volkes«) und mit Freud (»Die Zukunft einer Illusion«) betrachten wir Gott immer auch als Vexierspiel unserer eigenen Psyche. Nietzsches intellektueller Mord an Gott war dann im Grunde nur noch pompöse Leichenfledderei, denn seine geistigen Wegbereiter hatten schon getötet.

Am Ende schuf die Religionskritik, ob sie heideggeristisch oder linksideologisch daherkam, ihre eigene negative Theologie. Ein Assistent Adornos traute sich nicht einmal mehr, in seinem Kollegenkreis zuzugeben, dass er in seiner Freizeit Orgel spielt.

Zum Grundmotiv moderner Philosophie ist dabei der Relativismus geworden. Mit den Kontextualisten in der Tradition Wittgensteins und den Dekonstruktivisten in der Nachfolge Nietzsches fragt man sich freilich mehr und mehr nach dem Grad der erkenntnistheoretischen Absurdität, den man noch bereit ist zu akzeptieren. Jacques Derridas ambivalente Betrachtung, ja, Legitimierung des islamistischen Terrorismus zum Beispiel machte einer breiteren Öffentlichkeit klar, worin die Problematik tiefsitzender Relativität liegt – in ihrer ethischen Haltungslosigkeit. Sei es die These Paul Feyerabends (»Jede Theorie besitzt ihre eigenen Erfahrungen«), sei es die Behauptung Thomas Kuhns (»Befürworter entgegengesetzter Paradigmen üben ihre Tätigkeit in verschiedenen Welten aus«), sei es die Habermas'sche Auflösung aller Haltungen in Diskurslagen oder Nietzsches dreistes Diktum (»Tatsachen gibt es nicht, nur Interpretationen«) – der Relativismus hat tiefe Spuren im modernen Denken hinterlassen. Nur fragt man sich heute: zu welchem Zweck und mit welchen Folgen.

Wenn Platons »Politeia« auf den starken Staat hinauswill, René Descartes' »Cogito« auf eine provisorische Moral, der »Mehrwert« von Karl Marx auf den Klassenkampf, der »reine Akt« Giovanni Gentiles auf den Totalitarismus, wenn die »Falsifikationen« Karl Poppers auf die offene Gesellschaft, die »Gerechtigkeit« von John Rawls auf die liberale Demokratie abzielten – worauf zielt eigentlich der Relativismus ab? Ich behaupte: Er trägt letztlich nur ein zerstörerisches Motiv in sich. Nun kann man im Sinne der »Dialektik der Unterschiede« von Benedetto Croce argumentieren, es gehe ihm um Freiheit. Nur welche Freiheit und Freiheit wovon? Man wird den Verdacht nicht los, dass die innere Kraft des Relativismus die Negation ist. Vor allem die Negation definitiver Wahrheiten – im Kern also religiöser Dinge. Da diese Negation aber intellektuell wie politisch an ihr Ende gekommen ist und gewissermaßen in Stagnation mündet, weil totale Relativität immer totale Gleichgültigkeit mit sich bringt, schwindet zusehends ihre moralische wie intellektuelle Akzeptanz im Abendland.

Fast ruckartig wenden sich die neuere Philosophie und der breite intellektuelle Diskurs wieder der Kernfrage – der Gretchenfrage – zu: »Nun sag', wie hast du es mit der Religion?« Es erbarmte sich nicht nur Faust, sondern auch der kälteste und gedankenschärfste aller Nachdenker über Gott, Immanuel Kant. Er fegte alles Theologische mit dem Besen der Vernunft aus unserer Welt der Erkenntnis hinaus. Und nach ihm konnte man es nie wieder überzeugend implantieren. »Gott ist jenseits aller Vernunft«, wussten hernach alle Gläubigen. Und alle Ungläubigen wussten, dass auch Un-Gott jenseits aller Vernunft ist. Das Terrain war bereinigt. Aber eben nur das Terrain der Vernunft. Mit der Grenzziehung wies Kant und alle moderne Philosophie selber auf das Meta-Physische hin. Eine Grenze der Erkenntnis macht ja keinen Sinn, wenn es nicht ein Dahinter gibt. Deshalb gab Kant uns noch einen zweiten Hinweis mit auf den Weg in die gottlose Moderne. Er unterschied zwischen theoretischer und praktischer Vernunft. Und in der praktischen Vernunft ist kaum etwas vitaler als der Gottesglaube. Heinrich Heine empörte sich geradezu über diese Kant'sche Ambivalenz: »Wie mit einem Zauberstäbchen belebt er den Leichnam des Deismus wieder neu.«

Diese Ambivalenz Kants ist zur Ambivalenz der modernen Religiosität geworden. Während die überzeugten Theisten und die noch überzeugteren Atheisten weiter in ihren trüben Gewässern halber Gewissheiten badeten, ist der eigentliche Streit um Gott entschärft. Für die Theologen seiner Zeit war Kant natürlich ein Gottesmörder, seine Bücher kamen auf den Index, und die geifernden Religionstotschläger der Moderne nahmen ihn zum Kronzeugen. Nur – die Ambivalenz blieb am Ende das wirklich große Erbe.

Kant hat uns mit seiner »Kritik der reinen Vernunft« die Tore der Vernunft zu jeder Göttlichkeit verschlossen. In der »Kritik der praktischen Vernunft« stößt er sie wieder auf. Und genau wie Kant tun das viele aufgeklärte Menschen der Moderne. Sie schlagen in Anbetracht ihrer Vernunft und ihrer rationalisierten Erfahrungswelt die Tür zu Gott zu. Und doch öffnen sie sie immer und immer wieder. Trotz aller Religionskritik, trotz des Absinkens religiösen Massenbewusstseins in die Bedeutungslosigkeit, trotz einer agnostischen, einer materialistischen oder ideologischen Denkungsart stirbt das Religiöse nie aus. Dass zu allen Zeiten, in allen Ländern, bei allen Ethnien und auf allen Entwicklungsstufen das Religiöse elementarer Bestandteil jeder menschlichen Kultur ist – das ist nicht nur Neo-Scholastikern eine Art Gottesbeweis. Wenn es nicht einmal nach drei Jahrhunderten Aufklärung, nach all dieser neuzeitlichen Erfahrung und totalen Rationalität gelingt, das Jenseitige aus dem Diesseitigen zu verbannen, dann gilt es vielleicht zu akzeptieren, dass es einfach da ist.

Rüdiger Safranski hat für dieses Phänomen der Akzeptanz Gottes im Angesicht seiner Abwesenheit einmal eine Filmszene aus Michelangelo Antonionis Kinostreifen »Blow Up« beschrieben, in der zwei Tennisspieler hingebungsvoll Tennis spielen, der Beobachter aber gar keinen Ball sieht und entgeistert auf den Platz schaut. Safranski: »Nach einer Weile wird das Unwirkliche immer wirklicher. Jetzt hört man auf einmal den Ball, zuerst leise, vom Wind übertönt, dann immer lauter das Geräusch der Ballschläge, und der Betrachter bewegt den Kopf im Rhythmus des Ballwechsels. Jetzt hat ein Spieler zu stark geschlagen. Der Ball, den immer

Es gibt einen leibhaftigen/persönlichen Gott

	1990	1999
Deutschland West	25,1 %	38,3 %
Deutschland Ost	14,0 %	19,6 %

Quelle: Europäische Wertestudie 2003

Während vier von fünf Nordamerikanern (USA und Kanada zusammen) sich selbst als religiös einstufen, ist in Deutschland (insbesondere im Osten) der Anteil deutlich niedriger. Die Kerngruppe derjenigen, die an einen leibhaftigen Gott glauben, wächst allerdings auch in Deutschland spürbar.

noch keiner gesehen hat, fliegt über das Gitter und fällt offenbar dem Zuschauer vor die Füße. Die Spieler blicken bittend hinüber zu ihm. Er zögert, doch dann beugt er sich nieder und hebt etwas auf, das nicht da ist, und wirft es hinüber. Die Spieler bedanken sich und setzen ihr Spiel fort.«

Über den Ball lässt sich ebenso wenig sagen wie über Gott. Safranski weist freilich darauf hin: »Aber das Spiel ist da und seine Dynamik verwandelt die Zuschauer, auch uns, in Mitspieler. Das heißt: Fangt an zu spielen und ihr werdet merken, wie wirklich der Ball ist. Wenn ihr vorher wissen wollt, ob der Ball da ist, dann werdet ihr nie anfangen. Dann wird es niemals ein Spiel geben. Zivilreligion ist das Spiel ohne Ball. Man spielt, ›als ob‹ ein Ball, also Gott, da wäre. Wenn das Spiel funktioniert, ist es am Ende gar nicht so wichtig, ob der Ball überhaupt da ist. Das gilt auch für eine Moral, auf die wir uns so verpflichten, als wäre sie uns von einem Gott eingegeben oder aufgegeben. Das gilt überhaupt für das Spiel des Lebens, mit dem man anfangen sollte, ohne allzu genau nach seinem Sinn zu fragen. Auch hier gilt: Der Sinn ergibt sich erst beim Spiel.«

Was für Safranski das ewige Spiel, das ist für Robert Spaemann das »Gerücht Gottes«, das immer da sei. Dass aber in der postsäkularen Philosophie das Spiel, das Ritual, das Gerücht – also die Spur des Religiösen – als Denkfiguren wieder akzeptiert werden, zeigt einen bemerkenswerten Paradigmenwechsel. Denn am Anfang aller philosophischen Religionsdebatten steht wie bei einem Gerichtsprozess eine Entscheidung über die Verteilung der Beweislast. In den vergangenen zweihundert Jahren wurde die Beweislast den Religiösen zugeschoben: Beweist Eure Götter, zeigt, dass sie sind! Und da ihr sie nicht beweisen könnt, sind sie nicht – das war die Grundfigur des säkularen Zeitalters. Heute kehrt sich die Beweislast um. Spaemanns Diktum hat wieder Gewicht: »Angesichts der überwältigenden Allgemeinheit und Dauer des Gerüchts von Gott trägt derjenige die Begründungspflicht, der dieses Gerücht als irreführend abtut. Wenn wir Spuren Gottes suchen, dann ist immer derjenige wichtiger, der eine Spur gefunden hat, als der, der keine gefunden hat.«

Die Beweislastumkehr hat ihren Grund nicht im späten Triumphgeheul übrig gebliebener Theologen. Sie erwächst aus dem Selbstzweifel der modernen Naturwissenschaft. Die moderne Wissensgesellschaft leidet an einer merkwürdigen Schizophrenie. Sie wird technologisch immer komplexer, ihr kumuliertes Wissen wird immer größer, der Einzelne aber braucht gerade deshalb immer mehr Glauben, um dem Wissen zu vertrauen. Schon bei den meisten Dingen des Alltagslebens, vom Auto über die Mikrowelle bis zum Handy, sind wir darauf angewiesen, dem Wissen anderer zu vertrauen und zu glauben. Bestenfalls werden wir zu gläubigen Mitwissern. Da jeder Einzelne nur Spezialist für ein Detail der Wissensgesellschaft sein kann, wächst mit der Komplexität auch das Maß an Glauben. Gegenwartsphilosophen sprechen darum auch von der Wissensgesellschaft als Glaubensgemeinschaft. Je mehr Wissen, desto mehr Glauben an das Wissen anderer. Das heißt: Gerade die durchrationalisierte Moderne erzwingt ein ständig wachsendes Maß an Glauben.

Ich muss dem Supermarkt glauben, dass die Lebensmittel nicht giftig sind, ich muss dem Autobauer vertrauen, dass die Bremse wirklich bremst. Ich muss sogar der Rentenversicherung glauben, dass ich in fernen Jahrzehnten einmal Geld bekomme.

Aber nicht nur die Technik erzeugt gewaltige Glaubensfelder. Auch die Psychologie, die Politik, ja, die Wissenschaft selber tut dies. Wir müssen an die Psychoanalyse glauben, wenn sie funktionieren soll. Und selbst wissenschaftliche Epen wie der Urknall, die Ursuppe oder die Evolution sind letztlich Glaubensgeschichten.

In der Erkenntnistheorie vollzieht sich damit ein ähnlicher Paradigmenwechsel wie in der Naturwissenschaft, aber auch in der politischen Philosophie: die Grenze der induktiven Methode. Die abendländische Aufklärung und das ganze System der modernen Naturwissenschaft lebte vom Verifikationsprinzip. Jede Aussage und jede Erkenntnis mussten sich empirisch nachweisen lassen können, um Gültigkeit zu erlangen. Mit der Relativitätstheorie geriet das Verifikationsprinzip an sein Ende. Seitdem kommt aus der Mitte der naturwissenschaftlichen Forschung die Erkenntnis, dass jeder wissenschaftliche Satz nur vorläufige Bedeutung hat, dass es wirklich gesicherte Erkenntnis nicht gibt, dass die Wissenschaft das Glaubensprinzip wiederentdeckt. Diese neue Bescheidenheit in der Erkenntnis gipfelte schließlich in Karl Poppers Forderung nach »Falsifizierbarkeit«. Wenn aber am Anfang und am Ende unseres Wissens Mutmaßungen, Modelle, Hypothesen, also Glaubensgeschichten stehen, die der Prüfung auszusetzen sind, dann ist die Moderne zum Credo-Prinzip zurückgekehrt.

Gerade Naturwissenschaftler empfinden die Moderne seit einiger Zeit als intellektuell obdachlos geworden. Während der Säkularisierungsprozess drei Jahrhunderte lang seine Kraft aus dem Einreißen der christlichen Behausung mit dem Instrumentarium der aufgeklärten Vernunft gezogen hat, entdeckt die total säkulare Welt irgendwann ihre Nacktheit.

Das Paradoxon dieser Entwicklung ist einfach: Je weiter die Wissenschaft in die Grenzsphären von Sein und Wirklichkeit vordringt, desto größer werden die Felder der Glaubenserkenntnis. Unser Kosmos ist nach den neuesten Mutmaßungen der Astrophysik 13,7 Milliarden Jahre alt, womit der viel größere Rest der Zeit eine Ewigkeit wilder Glaubensvermutungen wird. Zugleich führen die Entdeckungen der Astrophysik zur Erkenntnis, dass nur vier Prozent des Universums überhaupt entdeckbar sind, wie etwa Sterne, Planeten und Monde. Der Rest des gewaltigen Unbekannten wird immer größer, je mehr man entdeckt. So gelten 23 Prozent des Universums als »dunkle Materie« und 73 Prozent als »dunkle Energie«.

Am anderen Ende der Erkenntnisskala passiert das Gleiche. Je weiter wir vordringen in die Welt der Elementarteilchen, desto größer wird das Feld des Ungewissen. Jenseits von Protonen und Neutronen wird der Wirklichkeitsmodus von Quarks und Neutralinos immer diffuser. Der Nobelpreisträger Murray Gell-Mann spricht davon, dass man diese Welten nur noch »metaphorisch« begreifen könne. Interessanterweise werden daher die Sprachcodes der Naturwissenschaftler auch immer sinnlicher, je abstrakter ihr Erkenntnishorizont geworden ist. Quarks haben daher »Farben« und »Flavors«, dunkle Weltraumpartikel werden »Feiglinge« (Weakly Interacting Massive Particles – Wimps) genannt. Das kohärente Bild unserer Welt wird immer unanschaulicher, je weiter wir sie zu entziffern suchen.

Und so erstaunt es nicht, dass gerade die Zunft der Naturwissenschaftler mit ihren Grenzerfahrungen in der Forschung immer lauter die religiöse Dimension ihrer Erkenntnis diskutiert. Das trägt zuweilen pantheistische Züge, wie bei Alfred North Whitehead (»Science and the Modern World« und »Process and Reality«) oder bei Charles Birch (»What does God do in the World?«). Nach diesen Konzeptionen ist Gott nicht als eine äußerliche Kraft anzusehen, die Wunder wirkt und über den Weltengang wacht. Er ist vielmehr immer und überall präsent. Der pantheistische Zug der hochentwickelten Naturwissenschaft erscheint den Philosophen zuweilen so, als käme die durch die Hintertür der Vernunft entledigte Religion durch die Vordertür der Naturwissenschaft wieder zurück. Dabei wird freilich Gottes Immanenz nicht mehr an Orten sozialer, personaler und kultureller Zusammenhänge erfahrbar (so wie es über Jahrhunderte beim Christentum der Fall war), sondern an technische Grenzgebiete verlegt, irgendwo unterhalb subatomarer Teilchen oder jenseits fernster Galaxien. In allen naturwissenschaftlichen Grenzregionen aber häufen sich die Kontingenzprobleme. Was sind letztlich Eigenschaften von Elektronen? Wie erklärt und versteht sich die Unendlichkeit des Universums? Am Ende schlägt die rationale Extremerkenntnis in vorreligiöse Erwartung um. Dieser Trend, dass ausgerechnet aus wissenschaftlicher Arbeit ein stark religiöser Erkenntnisimpuls erwächst, dürfte sich im 21. Jahrhundert verstärken. Denn den Naturwissenschaftlern widerfährt in ihren Disziplinen das Gleiche, was Kant in der Philosophie passierte. Mit dem Erkennen von Grenzen geht die Einsicht einher, dass es etwas hinter den Grenzen geben muss, sonst gäbe es keine Grenzen.

Die Naturwissenschaftler berichten auch von ihren teleologischen Einsichten, vom staunenden Respekt vor der natürlichen Ordnung, von der Faszination angesichts der strukturierten Komplexität unserer Welt. William Paley hat schon im 18. Jahrhundert dafür die

Denkfigur der Uhrenmetapher geprägt. Wenn jemand auf einer Wiese eine Uhr findet, so würden offenkundig das geplante und gebaute System von Zahnrädern und Federn sowie das Ineinandergreifen aller Elemente darauf schließen lassen, dass die Uhr von irgendjemandem geschaffen worden sei. Kein Mensch würde glauben, dass die Uhr von selbst dorthin gelangt sein könnte. Wenn das aber schon für eine primitive Uhr gelte, wie könne man dann die unfassbare Komplexität der Natur und der Welt als selbsterstanden und strukturiert annehmen. Über diese teleologische Denkfigur ist viel gestritten und von der modernen Religionskritik viel Häme über sie gegossen worden. Dass der teleologische »Gottesbeweis« intellektuell nicht haltbar ist, erzählt freilich nur die Hälfte der Erkenntnisgeschichte, denn umgekehrt ist die »Gottesahnung« durch ihn dramatisch verstärkt – je weiter die Naturwissenschaft in Grenzgebiete vordringt, umso mehr.

Die Mediengesellschaft beschleunigt diese Entwicklung. Denn auch in ihr wird »Glauben« an sich immer bedeutsamer. Wenn sich immer mehr Menschen in einer Gesellschaft immer häufiger medial vermittelt bilden, definieren, unterhalten, trösten – dann brauchen sie ein immer größeres Maß an Vertrauen in das anonyme System, an abstrakten Glauben. Dieser medial erzwungene Glaube an die Wahrheit von Information, an die Kraft von Bildern, an die Kontingenz von Geschichten macht die Mediengesellschaft zu einer riesigen Glaubensgemeinschaft. Von Nietzsche stammt die Erkenntnis, dass der Mensch das Tier sei, das versprechen könne. Der eine verspricht, andere glauben ihm. Die ganze Interaktion beruht auf Glauben, der unter den Menschen zirkuliert – und das umso mehr, je mehr die Versprechen anonymisiert, mediatisiert sind. Der Glaubensgrad der modernen Informationsgesellschaften steigt gewaltig an. Wir gehen sogar in eine massenhafte wechselseitige Glaubensverschuldung, denn die immer komplexeren naturwissenschaftlichen und technischen Erkenntnisse wie Produkte verlangen ein immer abstrakteres, ja, beinahe religiöses Maß an wechselseitigem Vertrauen. Von Rüdiger Safranski stammt die Formulierung: »Der moderne Mensche lebt, anthropologisch gesehen, auf Kredit.«

Nun hat diese Kreditnahme auch den Effekt, dass man ihr ganz bewusst religiöses Kapital zuführen kann. Die Tatsache, dass moderne Sekten, Evangelikale, islamische Fundamentalisten, Anthroposophen oder auch klassische christliche Kirchen von den Mechanismen des Medienzeitalters profitieren können, wenn sie sich ihrer gezielt bedienen, wird das Comeback der Religionen wohl bald massiv befördern. Die Live-Übertragungen von Evangelikalen-Predigern in den USA, die Omnipräsenz von Missionswerkzeugen im Internet oder auch die mediale Inszenierung der Beerdigung eines hochgeachteten Papstes – immer fungiert die Medialisierung wie ein gewaltiges Verstärkerorgan der religiö-

Was ist »in«

Jugendliche im Alter von zwölf bis 25 Jahren, Angabe in Prozent

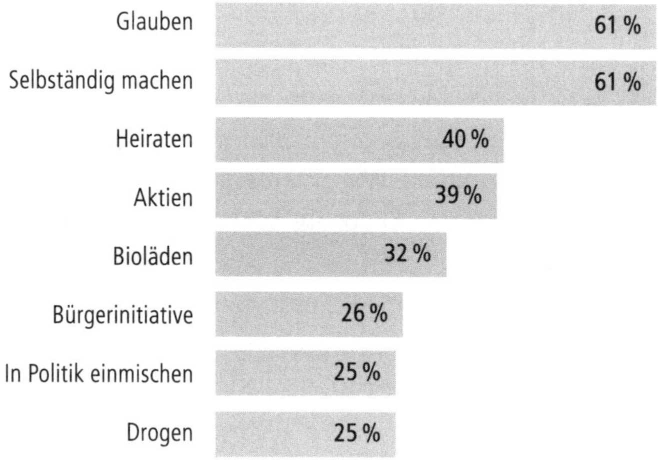

Quelle: Shell-Jugendstudie – Infratest Sozialforschung 2002

Die Shell-Jugendstudien messen seit den fünfziger Jahren den Mentalitätswandel der deutschen Jugend. Dabei zeigt sich in der jüngsten Zeit eine Rückkehr konservativer Werte wie Familie, Treue, Leistungsethos. Auch die Religiosität der deutschen Jugend nimmt zu.

sen Kommunikation. Die Religionskritiker sprechen schon von »Religiotainment« – und je nachdem, ob man den Prozess für gut oder für schlecht hält, wird man das kritisieren oder herbeiwünschen. In jedem Fall ist eines sicher: Auch durch die Medialisierung der Gesellschaft wird die Religion ins Massenbewusstsein der Bevölkerung zurückgebracht.

Das Religiotainment befördert zugleich etwas, dass die Advokaten des religiösen Pragmatismus von Blaise Pascal über Søren Kierkegaard bis William James ohnedies empfehlen: Angesichts der philosophischen Erkenntnis, dass jede rationale Aussage über Gott unmöglich sei (positive wie negative), raten sie zu einer modernen Religiosität des Mitmachens. Pascals Wette, wonach es nicht schaden könne, religiös zu leben (wenn es Gott gebe, werde man belohnt, wenn nicht, schade es nichts), oder Kierkegaards Sprung ins Ritual oder James' Denken in »Optionen« können einen dazu bringen, die tradierte Religion einfach anzunehmen, ohne den philosophischen oder theologischen Grund zu falsifizieren.

Die Möglichkeiten des religiösen Pragmatismus reichen vom unreflektierten Dabeibleiben und Mitmachen über die Zuneigung zur Tradition bis zur Geborgenheit im Ritual. Sie alle werden durch Inszenierungen gestärkt. Alle Religionen werden von inszenatorischen Ritualen getragen. Nichts aber eignet sich mehr als moderne Medien, solche Inszenierungen und Rituale wiederzubeleben und massenwirksam zu transportieren. Man darf schon wegen der Mechanismen von Einschaltquoten und Massenaffekten davon ausgehen, dass die Medien das Thema Religion als Beweger von Emotionen und Events entdecken und – auch aus kommerziellem Interesse – massiv befördern.

WARUM DIE RÜCKKEHR DER RELIGION GUT IST

Die politischen Erfahrungen mit dem neuen Islamismus werfen lange Schatten auf die globale Wiederkehr der Religionen. Die Bomben der Selbstmordattentäter lassen einen freundlichen Blick auf die Rekultivierung des Religiösen kaum zu. Der Blick verengt sich automatisch zu einem Entlarvungsinstrument für neuen Fundamentalismus.

Unter westlichen Intellektuellen wird das Comeback der Religionen jedenfalls weithin kritisch beäugt. Die Restbestände der Linken warnen vor einer politischen Restauration durch den religiös getriebenen Konservativismus. Aber auch die liberale Denkwelt ist skeptisch. So warnt Ralf Dahrendorf vor einer neuen »Versuchung der Unfreiheit«. Nachdem man den Faschismus und den Kommunismus glücklich überwunden habe, drohe eine dritte Variante der »Gegenaufklärung«. Der frühere deutsche Außenminister Joschka Fischer hat gar den Begriff des »dritten Totalitarismus« ins Spiel gebracht. Leiser, aber nicht minder bestimmt sorgt sich Jan Philipp Reemtsma um die »Bedrohung der Freiheit« durch »Entdifferenzierung«. Ian Buruma unkt einen »schleichenden Autoritarismus« herbei, und die Philosophen Richard Rorty und Gianni Vattimo warnen davor, dass die Aufklärung ihren »letzten Seufzer der ontologischen Tradition« tue und wir einer »schrecklich autoritären Religionsmode« anheim fallen.

Die Sorge vor einem Niedergang der Freiheitskultur ist verständlich. Allerdings verstellt sie zugleich den Blick auf die positive Seite der Entwicklung. Denn bei allen Mahnungen, die derzeit so populär sind, könnte es doch sein, dass die Wiederkehr der Religion ähnlich auf unsere Gesellschaft wirkt wie die überraschende Rückkehr eines verschollenen Vaters für die Familie. Ja, die Rollen werden neu verteilt, ja, es mag Einschränkungen von Freiheiten geben, ja, die Kontur der Familie kehrt zurück. Aber könnte es für die Familie insgesamt nicht ein großer Gewinn sein? Ich halte drei positive Effekte für denkbar: einen kulturellen, einen politischen und einen ethischen.

Das kulturelle Argument

Religion ist die Poesie der Völker – verkündeten einst die Romantiker. Und sie hatten Recht damit. In ihr bündeln sich die Sehnsüchte und Ängste, die Träume und Mythen, die Geheimnisse und Visionen einer Kultur. Sie macht den spirituellen Kern jeder Gesellschaft aus. Und darum folgt auf das religiöse Erkalten in aller Regel ein kulturelles Erkalten. Wie ausgehöhlt wirken Gesellschaften, wenn ihr religiöser Kern abstirbt.

Émile Durkheim, obwohl Agnostiker, bezeichnet die Religionsausübung als Weihe der Gruppe, als Ferment, ja, als Wesenskern einer Gesellschaft. Sie sei eine der Universalien des Sozialverhaltens. Folgt man dem Anthropologen F. C. Wallace, dann hat die Menschheit bereits 100 000 Religionen hervorgebracht. Und nicht nur Historiker können davon berichten, dass die Religion bei den meisten Gesellschaften die Zentralinstanz ihrer kulturellen Identität ist. Aus den religiösen Quellen speisen sich in aller Regel die kulturellen Gefäße einer Gesellschaft. In unserer westlichen Welt ist das besonders deutlich zu erkennen. Das christliche Ferment trägt im Grunde alles, was unsere Identität ausmacht – auch in deren Verneinungen. Selbst der moderne Hyper-Rationalismus, die Abkühlung der äußeren Religion, die »Trennung der Wertsphären« (Max Weber) von Religion und Wissenschaft, von Religion und Politik – alles Kulturelle ist Frucht vom Baum unserer Religion. Unsere Mythen, unsere Ethiken, unsere Metaphern, unsere Sprachbilder, unsere Architektur, unser Freiheitsbegriff rekurrieren immer auf das Christentum.

Gewiss ist das institutionalisierte Christentum in den vergangenen 300 Jahren stark geschwächt worden. Die Psychologisierung und Therapeutisierung haben die Religion akademisiert und entzaubert. Die Religion ist so weit durchreflektiert, dass sie direkte Bezüge zur Transzendenz fast aufgegeben hat, dass sie »vernünftig«

und damit selbstbescheiden geworden ist, dass sie die Trennung der Wertesphären akzeptiert hat. Und natürlich ist die postmoderne Gesellschaft längst eine säkularisierte und polytheistische. Der eine Gott, der die abendländische Welt zu einem geistigen Harmonium fügte, ist von dem modernen Patchwork religiöser Teilüberzeugungen abgelöst worden. Anstelle der Wahrheit sind Überzeugungen und Meinungen, viele Kirchen und Sekten und noch mehr Kirchenlose getreten. Im religiösen Werkzeugkasten des modernen Menschen liegen aber jede Menge spiritueller Zangen und Hämmer.

Nun dachte man jahrzehntelang, dass der Rückzug des Christentums und der klassischen Kirchenstrukturen in Europa durch den Aufstieg von Ersatzreligionen kompensiert würde, dass die Kathedralen gewissermaßen durch Sportarenen, Shopping Malls, Börsentempel und Parteizentralen ersetzt würden. Seit dem 19. Jahrhundert sind einerseits der Kapitalismus selbst, andererseits utopische und radikale politische Ideologien als Ersatzreligionen aufgetreten, vom Nationalismus bis zum Marxismus mit seinem Versprechen auf ein irdisches Paradies, mit seinen ersatzreligiösen Riten bis hin zur »Jugendweihe« oder zur Mythologisierung des Sports.

Irgendwann aber kommt die Individualisierung des Religiösen und Kulturellen an ihre Grenzen. Denn je weiter sich eine Kultur selber relativiert, desto unschärfer wird sie. Schon ist der Begriff »Kultur« bei uns

Patriotismus und Religiosität

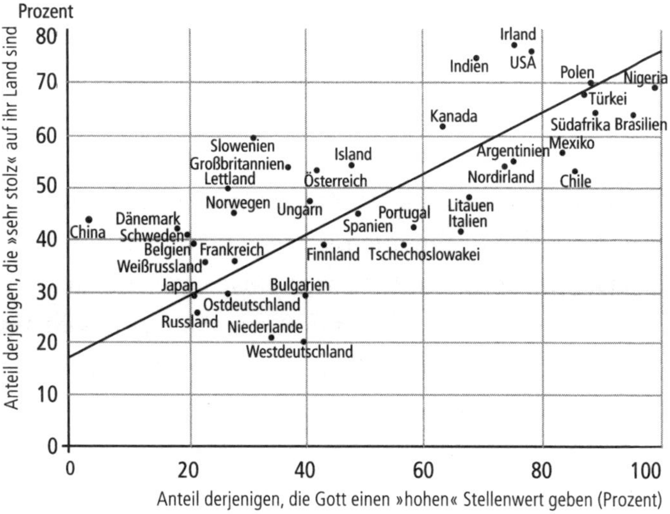

Quelle: »WHO ARE WE?«, Samuel P. Huntington 2004

Kulturelle Haltungen und Wertbindungen sind wesentlich stärker vernetzt als weithin angenommen. So gibt es einen unmittelbaren Zusammenhang zwischen Patriotismus und Religiosität. Gesellschaften mit einem hohen Anteil religiöser Bevölkerung sind in aller Regel selbstbewusster und patriotischer.

kaum mehr im Singular zu gebrauchen. Das politisch Korrekte verlangt die Gleichsetzung der Kulturen, womit das Eigene systematisch relativiert wird. Man muss nicht gleich wie der Soziologe Peter Berger vom »Relativierungshexenkessel« reden, aber die Tendenz, die eigene kulturelle Tradition durch einen Hyper-Pluralismus zu zerstören, ist erkennbar. Manchmal treibt ein naiver Multikulturalismus diesen Kultur-Masochismus, wenn etwa aggressive Zuwanderung gefordert wird oder Kreuze aus Schulen genommen werden oder der Nationalfeiertag abgeschafft werden soll. Manchmal wird aber auch dem Wettbewerbsdruck der Globalisierung Tribut gezollt, wenn Eltern etwa meinen, ihre Kinder auf internationale Schulen schicken zu müssen, deren Lehrpläne das tradierte Kulturgut Deutschlands nur noch am Rande enthalten.

Gegen diesen Kulturmasochismus regt sich Widerstand aus der Bevölkerung, die über einen sicheren Verteidigungsreflex für eigene Traditionen verfügt. So werden plötzlich »Heimaten« als Schutzräume überschaubarer Identität wieder populär – von der neuen Fankultur des Fußballs bis zum Karneval, als Topos für Filmserien und Werbekampagnen, als Muster für Erdverbundenheit, Wärme und Nähe, als Para-Patriotismus.

Dagegen ist es um die künstlichen Ersatzreligionen merkwürdig ruhig geworden. Selbst der esoterische Boom rund um die Jahrtausendwende ist auf dem Rückzug. Stattdessen gewinnen die klassischen Religionen wieder an Boden. Wie ein uralter, mächtiger Baum trägt der christliche Kultus wieder Blüten. Die kulturelle Macht dieser einen, der christlich-jüdischen Religion, ist offenbar viel stärker als geahnt. Sie webt das Kleid des Unterbewusstseins der westlichen Welt. Von der Musik über die Sprachmetaphorik bis zu Alltagstraditionen. Ob ein Kind Johannes genannt oder Karneval gefeiert wird, ob man Bach hört oder Michelangelo betrachtet – je mehr man sich der Religion zuwendet, desto mehr bekennt man sich zur kulturellen Tradition. Man mag das religiöse Gefühl als spirituelle Erfahrung nicht mehr nachvollziehen können – als kulturelle Renaissance aber sehr wohl.

Insofern bedeutet ein Comeback des religiösen Bewusstseins in den westlichen Gesellschaften automatisch eine Wiederkehr der Kulturgeschichte, des Kulturbewusstseins. Das ist – nach Jahrzehnten der kulturellen Regression, der Infantilisierung und systematischen Geschichtslosigkeit – eine schöne Aussicht.

Am alltäglichsten zeigt sich die kulturelle Prägekraft der neuen Religiosität in ihren Riten und dem wachsenden Wunsch der Menschen, diese an den großen Wendepunkten des Lebens auch zu feiern. Die wieder in Mode gekommene kirchliche Trauung ist so ein Gewinn für die Alltagskultur. Ihre Feier, von der festlichen Orgelmusik bis zum Blumenschmuck, von der Kleider- bis zur Tischordnung, zeigt, wie das Comeback der Religion unmittelbaren Kulturgewinn erzeugt. Das Gleiche kann man bei Taufen und Beerdigungen erleben, bei Weihnachts- oder Osterfesten, bei Wallfahrten oder Chorgesängen.

Die Alltagskultur ist zutiefst durchdrungen von religiösen Bezügen, und je vitaler das religiöse Bewusstsein der Bevölkerung, desto reicher die kulturelle Ausprägung. Es hat daher seinen Grund, warum das Urlauben in Bayern interessanter ist als in Sachsen-Anhalt.

Was für das Alltagskulturelle gilt, hat für die Hochkultur eine umso größere Bedeutung. Weite Teile der abendländischen Musik, der Literatur, der Malerei und Architektur sind ohne die religiösen Bezüge unverständlich. Ob man Thomas Manns »Joseph und seine Brüder« liest, Goyas Gemälde betrachtet, die Figuren an der Kathedrale von Chartres sieht oder Mozarts Requiem hört, das Kulturelle und das Religiöse sind kommunizierende Systeme.

Die Erfahrung des kollektiven Kultur- und Niveauverlustes der vergangenen zwei Generationen durch eine areligiöse Bildung, die sich dem klassischen Kanon der bildungsbürgerlichen Erziehung zu entziehen suchte, die unseren Kindern lieber die Biologie der Trockensavanne erklärte, als mit ihnen Thomas von Aquin zu lesen, ist so negativ ausgefallen, dass nun die Restauration ansteht. In Deutschland erfreuen sich die Privat- und Klosterschulen regen Zulaufs, die klassischen Internate und Gymnasien, die den Kernbestand unserer Kultur wieder zum Zentrum ihrer Bildungsmühen machen und nicht deren Negation.

Im Bildungsbetrieb ist die kulturelle Selbstschwächung unserer Nation durch Werte-Indifferenz am klarsten sichtbar geworden. Der Kaskadeneffekt des zivilisatorischen Niedergangs ist an unseren Schulen mit Händen zu greifen – nicht nur weil heute Graffiti-Schmierereien prangen, wo einst Kreuze an den Wänden hingen. Der Angriff auf alle Autoritäten, vom Lehrer bis zu Goethe, zerstörte nicht nur Elitekultur und Leistungsethos, sondern vor allem Orientierung. Man mag eine politische Bewegung wie die 68er dafür schelten, in Wahrheit aber geht die bewusste Abkehr des Respekts vor Größe tiefer. Die Idee der Größe ist ein zutiefst religiöses Motiv. Sie mag eine metaphysische Qualität haben wie in der Theologie oder eine »romantische Tiefgründigkeit«, wie sie Isaiah Berlin stets forderte. Doch aus der Perspektive einer total säkularisierten Kultur ist weder das eine noch das andere erstrebenswert. Postmetaphysische Pädagogik zerstört darum instinktiv jede Orientierung an Größe. Umgekehrt aber wird eine metaphysische Neuorientierung sehr schnell die Pädagogik wieder an Größen ausrichten können und die Bildungskultur revitalisieren. Das ist der Grund, warum in Deutschland die vom staatlichen Bildungsbetrieb enttäuschten Eltern ihre Kinder so gerne wieder auf kirchliche Schulen schicken. Sie wissen instinktiv um den Zusammenhang von kultureller Kraft und religiösem Bewusstsein.

Auf eine beinahe ironische Weise wird damit Hegels Diktum vom Vergangenheitscharakter der Kultur bestätigt. Nicht, dass es keine Kunstwerke mehr gäbe, nur eine Vorstellung von dem, was Kunst uns bedeutet, ist verloren. Sie ist Spiel der Negation und Ironisierung, am Ende sogar der Ironisierung ihrer selbst geworden. Hegels Prognose, dass die Kunst im postreligiösen Zeitalter ihre klassische Funktion verlieren werde, unmittelbar als Wahrheit selbst zu gelten, und diese Rolle der Wissenschaft zufalle, ist Wirklichkeit geworden. Damit ist die Krise der Kultur, ihre experimentelle Befreiung in wilder Stil- und Sinnsuche aus der Sicht des 21. Jahrhunderts ein gewaltiges Indiz für den Kulturpessimismus der Moderne.

Hegels unverschämte Analyse vom Ende der Kunst muss aber nicht das Ende der Geschichte sein. Zwar wird es kein Zurück hinter den zersetzenden Selbstzweifel der modernen Künste geben; aber es könnte doch sein, dass mit einer Renaissance des religiösen Bewusstseins im Abendland eine kulturelle Renaissance einhergehen wird. Vielleicht hören morgen die albernen Kunsthappenings von Scheinprovokationen provokations-unfähiger Gesellschaften ebenso auf wie die Selbstfindungsromane zeitgenössischer Schriftsteller, und es beginnen wieder große Neu-Erzählungen der ältesten Legenden, Dramen, Mythen und Heilsgeschichten unserer Kultur, dieser christlich-jüdischen Erzählkultur. Die Tafel ist jedenfalls reich gedeckt. So sehr, dass unsere Kultur wieder zurückfinden könnte aus der spielerischen und ornamentalen Funktion zum Definitionscharakter ganzer Gesellschaften.

Wenn Carl Schmitt Recht haben sollte, dass Politik nur säkularisierte Religion sei, dann kommen auf die Politik spannende Zeiten zu. Denn wir erkennen nicht nur an den Kriegen der Gegenwart, dass das Religiöse offenbar zum Politischen und Kulturellen gehört wie das Gefühl zum Menschen. In unserem Materialismus interpretieren wir Westeuropäer viele Konflikte zuvorderst ökonomisch. Die Welt funktioniert aber nicht nur ökonomisch – vielleicht sogar in ihren wesentlichen Teilen nicht.

Die Deutungsmacht der Naturwissenschaften und die zivilisatorische Gewalt des Materialismus werden auf Dauer nicht darüber hinwegtäuschen, dass die Grundfragen unserer Identität nicht wissenschaftlicher oder ökonomischer Natur sind, sondern aus Religion, Ethik, Tradition und Kultur gebildet werden.

Also schleicht sich das Religiöse wieder heraus aus den Nischen des privaten Gottesglaubens und zurück in unser politisches Bewusstsein. Die neue Religionskritik wird nicht auf sich warten lassen. Aber vielleicht lohnt es sich ja auch, den religiösen Pendelschlag der Geschichte mit postmodernem Optimismus zu betrachten, zumal es einen direkten Zusammenhang von Erfolg und Glaube in den Kulturen gibt. Nicht im napoleonisch-disziplinierenden Sinne (»ohne Religion ist Ordnung in einem Staate unmöglich«), auch nicht im schopenhauerisch-tröstenden Sinne (»Religionen sind wie Leuchtwürmer, sie bedürfen der Dunkelheit, um zu leuchten«), sondern ersichtlich in der schlichten Frage von Leistung, innerem Zusammenhalt und Vitalität einer Gesellschaft.

Eigenartig an der Religion ist ihr Wechselspiel von Be- und Entschleunigung. Sie motiviert Menschen und hegt die Motivation zugleich ein. Sie ist gewissermaßen Gaspedal und Bremskraftverstärker in einem. Soziologen sprechen in diesem Zusammenhang zuweilen von »geordneter Dynamik« religiöser Gesellschaften.

Max Weber hat einst im Protestantismus die Ur-Kraft für den modernen Kapitalismus erkannt. Vielleicht liegt heute eine Ursache für die Lahmhaftigkeit des erodierenden Europas gerade in seinem Nihilismus. Eine Gesellschaft, die an nichts glaubt, kann auch nicht an ihre Zukunft glauben, geschweige denn an sich selber. Insofern würde den europäischen Gesellschaften ein bisschen mehr Religion im Sinne des Gaspedals gar nicht schaden.

Der enge Zusammenhang von kulturell-religiöser Identität und gesellschaftlicher Dynamik wird auch in der Demografie sichtbar. Gesellschaften, die um ihren inneren Sinn nicht mehr wissen, die kein größeres Ziel mehr kennen als die Besitzstandswahrung, entfalten natürlich weniger Kräfte, mobilisieren weniger Begabungsreserven; bekommen letztlich weniger Kinder. Der Unterschied zwischen habenden und wollenden Kulturen hat in der Geburtenrate einen Indikator.

Damit wird auch klar, dass mit einer Renaissance des kulturellen und religiösen Bewusstseins die Bereitschaft wieder wachsen dürfte, Zukunft auch unmittelbar in Form von Nachkommenschaft zu wollen und zu haben. So könnte der Mentalitätswandel die unzähligen Prognosen und Kassandra-Rufe zum demografischen Niedergang, zum Aussterben der Nation Lügen strafen. Denn so überraschend die Religion zurückgekommen ist, so überraschend könnten auch wieder Kinder in Mode kommen. Der extreme Kulturpessimismus der deutschen Gesellschaft verkennt die Potenziale des Wertewandels, dessen Kennzeichen eben gerade nicht die Linearität des Zerfalls, sondern das Stirb und Werde von Orientierungen ist. Insofern könnte für die politische Konstitution der europäischen Gesellschaften die neo-religiöse Bewegung noch einige positive Überraschungen parat haben.

Zudem ist das steigende religiöse Bewusstsein der Erdbevölkerung im 21. Jahrhundert auch ein Abwehrreflex auf die Beschleunigung der Globalisierung. Mit der Religion verbinden sich Kerne kultureller Identität, Sphären der Geborgenheit in der Raserei der Moderne. Man darf also davon ausgehen, dass, je mehr die Globalisierung voranschreitet, das Bedürfnis steigt, der damit einhergehenden Entfremdung einen Widerpart in Form einer geistigen Heimat zu bieten.

Es gehört zur Ironie der neueren Geschichte, dass der seit 1989 entfesselte Kapitalismus nicht durch die

Linke gebremst, gezähmt oder zivilisiert wird. Es sind die Konservativen in allen Erdteilen, die den Exzessen der Raserei Einhalt gebieten. Sie leisten von einem ethischen oder traditionsverhafteten Fundament aus Widerstand. Dass man beispielsweise sonntags keine Supermärkte öffnet, setzen in vielen Kulturen nicht die Gewerkschaften, sondern die Kirchen durch. Dass man die Natur nicht vollends ausbeutet und zerstört, sondern die »Schöpfung« bewahrt, ist ein zutiefst konservatives Anliegen – kein emanzipatorisch-linkes. Dass man mit Re-Nationalisierungen auf die Totalität offener Märkte reagiert, entspringt der Widerstandskraft von Nationalkonservativen. Dass man der Forschung nicht alles durchgehen lässt – vom Klonen bis zur Euthanasie –, liegt am religiös-konservativen Widerstand. Dass man nicht alles ökonomisiert, nicht alles fungibel werden lässt, dass manche Dinge im doppelten Sinne des Wortes unverkäuflich sind, liegt daran, dass es Werte gibt, die Geld entwerten können. In einer Sphäre beschleunigter Globalisierung, in einer Welt des Veränderungsfanatismus sind die Konservativen die eigentlichen Revolutionäre unserer Zeit – vor allem die religiös bewussten Konservativen.

Zur Beschreibung dieses Umstands kommt jüngst der Begriff der »postsäkularen Gesellschaft« in Mode. Jürgen Habermas beschreibt die Szenerie dieser Gesellschaft als Hin- und Her-Gerissensein »zwischen Naturalismus und Religion«. Und gerade in diesem Spannungsfeld kommt der Religion eine wichtige Korrekturfunktion zu, der entgleisenden Moderne wieder auf die Spur zu helfen. Paul Kirchhof verweist in seiner Staatsanalyse darauf, dass »die Religion wesentliche Voraussetzung für das Entstehen, die Wirkung und die Wahrnehmung von Staatsverfassung und Grundrechten« sei. Tatsächlich geht das Grundgesetz von der »Würde des Menschen« aus, jener revolutionären Aussage des Christentums also, jeder Mensch habe eine unantastbare Würde. Womit nicht nur Rang, Herkunft und Anerkennung der Menschen radikal egalisiert werden. Der zentrale Wert der Würde verbietet jede Unterdrückung und Diskriminierung, stellt die Geschlechter gleich, wehrt jeden Statusunterschied nach Rasse, Sprache, Herkunft, Geld und Glauben ab. Die kirchliche Lehre von der Gottespräsenz in jedem Menschen ermöglicht damit den modernen demokratischen Freiheitsstaat überhaupt. Damit ist die christliche Religion die »aktuelle Wirkungsgrundlage« (Kirchhof) für die freiheitliche Demokratie, und wem Letzteres lieb ist, dem sollte Ersteres teuer sein. Schon der Staatsrechtler Ernst-Wolfgang Böckenförde hat darauf hingewiesen, dass auch eine demokratische Verfassung nicht aus sich heraus garantiert werden könne, sie brauche Wertegrundlagen. Die moderne Demokratie lebe von Voraussetzungen, die sie selber weder geschaffen habe, noch gewährleisten könne.

Somit kommt der Religion eine Fundamentalfunktion für den Staat zu. Folglich müsste sich der Staat schon im eigenen Interesse den Kirchen zuwenden, mit ihnen kooperieren. Diese Sichtweise führt über die »Laizität« des Staates hinaus. Der Staat der postsäkularen Gesellschaft müsste dann geradezu ein religionsbewusster, vielleicht sogar ein religionsfreundlicher Staat sein.

Und dabei brandet die große Welle der Religion erst auf. Der Politikwissenschaftler Mathias Hildebrandt spricht in diesem Zusammenhang vom massenhaften »Unbehagen an den Dislozierungseffekten der Moderne«. Der Rückgriff auf religiöse und kulturelle Traditionen als bewusster oder unbewusster Protest gegen die Globalisierung sei »nur allzu verständlich«.

Bemerkenswerterweise geht die Respiritualisierung der westlichen Gesellschaften von den Städten aus. Die Großstädte und Metropolen galten für drei Jahrhunderte als Kraftzentren der Säkularisierung. Die ländlichen Regionen erwiesen sich hingegen als strukturkonservativ-religiös. Nun kehrt sich dieser Prozess dramatisch um. Ausgerechnet mitten aus den Metropolen kommt die Religion zurück. Nach den Zahlen der Europäischen Wertestudien ist dieser Effekt in den europäischen Großstädten signifikant messbar. Was auf den ersten Blick als »verblüffend« bis »sensationell« gewertet wurde, ist eigentlich nur der logische Effekt gegenwärtiger Entschleunigungseffekte. Und die sind natürlich dort am größten, wo die Beschleunigung am spürbarsten ist. Der Widerstand gegen die banale, durchökonomisierte Oberflächlichkeit des metropolitanen Alltagslebens, die

»Funktionalisierung des Menschen«, die Sinnentleerung oder »neue Unübersichtlichkeit« treiben natürlich den Großstadtmenschen in die postmoderne Sinnsuche. So wie einst den Grünen in den Großstädten ihr Sehnsuchtsmilieu nach heiler Natur erwuchs, so geschieht dies nun mit den Neo-Religiösen.

Wenn also die ordnungspolitischen Diskussionen der Gegenwart stark geprägt sind von der sozialen Fasson des Globalisierungsimpulses, dann bietet das Nationalkonservative einen ebenso plumpen Abwehrreflex wie das Sozial-Etatistische. Die einen glauben, mit der Flucht zurück in die Häuser der Nationen der Zugluft der Globalisierung zu entfliehen. Die anderen hoffen, die offenen Marktplätze durch Mauern der Staatsinterventionen zu bändigen. Beides sind reine Verteidigungshaltungen, beide verheißen keine Integration von Dynamik und Einhegung, von Wettbewerb und Caritas. Das scholastische Diktum, wonach Fortschritt für den Christen Umkehr sei, bekommt in diesem Zusammenhang einen völlig neuen Reiz. Religiös bewusste Gesellschaften vereinigen die beiden widerstreitenden Impulse automatisch durch ihre kulturelle Haltung.

Damit wird auch klar, dass die Demokratie die Religion noch brauchen könnte, um sich zu behaupten. Denn die tiefe Verwurzelung der modernen Demokratie im Christentum, die politische Verwandlung des Nächstenliebe-Gebots in Liberté, Egalité, Fraternité bedeutet, dass eine um ihr religiöses Unterbewusstsein entkleidete Demokratie gefährdet ist. Die jüngste Diskussion um »effiziente Ordnungen«, die Liebäugelei mit modernen Totalitarismen von China bis Lateinamerika machten klar, dass die Rückkehr des Religiösen der geschwächten Demokratie-Idee durchaus zuträglich sein kann. Denn die Demokratie legitimiert sich in ihrem Kern nicht über die utilitaristische Frage der Effizienz, sondern über einen Wertekanon. Nietzsches Schmähung »Die Demokratie ist das vernatürlichte Christentum« sollte man als Kompliment verstehen.

Der enge Zusammenhang von christlicher Tradition und europäischem Menschenrechts- und Demokratiebewusstsein dürfte die Identität der Europäer in den kommenden Jahrzehnten entscheidend prägen. Bislang war die Einigung des modernen Europas eine Angelegenheit der praktischen Vernunft (vom Binnenmarkt bis zum Euro) und der inneren Befriedung – die deutsch-französische Aussöhnung galt als Urmodell. Künftig dürfte den Bürgern Europas ihre gemeinsame Tradition und Religion als Grundlage des kollektiven Bewusstseins viel wichtiger werden. Denn in einer Welt globalisierter Fundamentalismen und kapitalistischer Raserei wird das Europäische eine kulturelle Verteidigungslinie sein. Erstmals seit Jahrhunderten fühlen sich Europäer nach außen wieder als Europäer. Aus einem Projekt praktischer Vernunft erwächst eine Herzensangelegenheit. Das Comeback der Religion könnte insofern zu einem Aufbauhelfer des vereinten Europas werden.

Der positive Effekt der Religion auf die Politik hatte sich bereits bei der Überwindung der kommunistischen Diktatur exemplarisch gezeigt. Polen aus der Kette des kommunistischen Völkergefängnisses herauszubrechen, wäre ohne die katholische Kirche und die gezielte Politik Papsts Johannes Paul II. nicht möglich gewesen. Seine Reisen nach Polen mobilisierten nicht nur die Massen, sondern auch das politische Selbstbewusstsein der Polen.

»Versammelt zur großen Menge, empfanden sich die einzelnen Papstzuhörer wieder als Polen; sie erkannten in sich und den Menschen, die neben ihnen standen, jene Eigenschaften wieder, durch die sie sich einst stolz als Polen definiert hatten – den Glauben an Gott und die Bereitschaft, für die Freiheit jedes Risiko einzugehen«, so beschreibt die ehemalige Außenministerin der USA, Madeleine Albright, den Anfang vom Ende des Kommunismus in Polen. Tatsächlich entfachten die Papstbesuche eine spirituelle Revolution, die letztlich Polen befreite, die Berliner Mauer stürzen ließ und Europa wiedervereinte.

Diese dramatische Erfahrung positiver Wirkung von Religion auf die Politik hat eine Erkenntnis ins Bewusstsein der Weltbevölkerung eingegraben: Religion lässt Angst überwinden und kann Diktaturen zu Fall bringen. In vielen Demokratiebewegungen ist seither der Rückgriff auf religiöse Motive und Symbole fester Bestandteil des Repertoires geworden.

Neben dem Menschenrechts- und Demokratie-Effekt kann die Religion auch eine zweite wichtige Funktion für die weltpolitischen Geschehnisse haben: die Versöhnungskultur. In vielen Konfliktgebieten zeigt sich, dass die Vergebungs- und Versöhnungsgebote der Religionen (insbesondere der christlichen) zum zentralen Pfeiler von Friedenspolitik geworden sind. Das weitgehend friedliche Ende des Apartheidregimes und die erfolgreiche Entwicklung Südafrikas seither ist wesentlich durch die starke Präsenz der christlichen Vergebungshaltung bei den führenden schwarzen Politikern rund um Nelson Mandela ermöglicht worden. Von der stark religiös geprägten Befriedung Mosambiks bis zum Aufbau des neuen Europas der Nachkriegszeit zieht sich ein Band der Religiopolitik, die in einer zutiefst religiös motivierten Vergebungskultur wurzelt. Inzwischen motiviert diese Erkenntnis sogar zahlreiche NGOs *(Non-Governmental Organisations)* und Friedens-Aktivistengruppen; berühmtestes Beispiel einer auf Glauben basierenden Diplomatie-Institution ist die von Jimmy Carter gegründete Friedensstiftung.

Ein anschauliches Beispiel stammt von Bob Seiple, dem ersten US-Sonderbeauftragten für internationale religiöse Freiheit. Seine Geschichte handelt von der Überwindung des Hasses mithilfe der Religion. Sie handelt von Maria, einer jungen Libanesin, die er kennenlernte, als er der Vorsitzende der Entwicklungshilfeorganisation World Vision war. Im libanesischen Bürgerkrieg der achtziger Jahre lebte Maria in einem christlichen Dorf nahe Beirut. Als muslimische Milizen in das Dorf eindrangen, flohen die meisten seiner Bewohner. Maria stolperte über eine Wurzel und fiel mit dem Gesicht auf den Boden. Als sie sich wieder aufrappelte, hielt ein junger Mann den Lauf seiner Pistole an ihre Schläfe und forderte sie auf: »Schwöre vom Kreuz ab oder ich bringe dich um.« Maria erwiderte: »Ich wurde als Christin geboren, und ich werde als Christin sterben.« Der Mann drückte ab, und die Kugel drang durch Marias Hals und Wirbelsäule. Zudem schnitt der Milizionär Maria mit seinem Bajonett ein Kreuz in die Brust. Wie durch ein Wunder überlebte sie, allerdings gelähmt und zeitlebens an den Rollstuhl gefesselt. Auf die Frage Seiples: »Was empfindest Du gegenüber diesem Mann, der den Finger am Abzug hatte?«, antwortete Maria: »Ich habe ihm verziehen!« – »Aber wie in aller Welt konntest Du ihm verzeihen?« – »Ich habe ihm verziehen, weil mein Gott ihm verziehen hat, so einfach ist das.«

Das ethische Argument

Jean Paul brachte die ethische Magie aller Religion einmal auf die romantische Formel: »Wo Religion ist, da werden Menschen geliebt.« Zumindest sollen sie geliebt werden. Das ethisch Normative gehört zur Religion wie das Gesetz zum Staat. Genau dies macht die Religion so wertvoll für die moralische Verfassung von Gesellschaften.

Wenn die individualistischen Formen neuer Religiosität oder Spiritualität, die vor einer Generation einen unaufhaltsamen Siegeszug anzutreten schienen, jetzt schon wieder abflauen, dann liegt ein Grund in ihrem normativ-ethischen Defizit. Ob fernöstliche Inspirationen, »New Age« oder Esoterik – sie sind Individuationen, Aussteiger-Religionen, im philosophischen Kern fragmentarisch. Ihnen fehlt gerade das ethisch Allgemeinverbindliche und damit die gesellschaftspolitische Relevanz. Gerade hier aber hat die klassische monotheistische Reflexionsreligion des Christentums ihre Stärke. Es ist daher kein Zufall, dass die Rückkehr der Religion sich gerade nicht an irgendeiner ersatzreligiösen Peripherie vollzieht. Die ethische Selbstvergewisserung führt die Gesellschaften wieder zurück zu ihrem religiösen Identitätskern. Ob Abtreibungs- und Klonfragen, Genforschung oder Sterbehilfe, Kopftuchstreit oder neue soziale Fragen – die in der Theologie verankerte Fähigkeit zur wissenschaftlichen Reflexion von Religion, Glauben und Leben verleiht gerade der »klassischen« europäischen Religion immer wieder zentrale, ethische Deutungsmacht. Schließlich verfügt das moderne Christentum auch über die scheinbar dialektische Fähigkeit, die Grenze zum Säkularen zu kennen und zu achten und sie doch zu überschreiten, sich also nicht von der

Welt und ihren Problemen rein meditativ abzuwenden. Die Rückkehr der Religion wird von der Sphäre des Ethisch-Normativen befördert – aber sie stärkt diese zugleich auch. Vereinfacht könnte man sagen: Mit der Religion kommt die Ethik wieder ins Zentrum des öffentlichen Bewusstseins zurück, das von Machbarkeitsdenken und Utilitarismus lange Zeit geprägt war.

Im Unterbewusstsein der Nationen Europas ist die Religion nicht nur tief verankert – sie ist der Hort europäischer Identität und Ethik.

Die totalitären Ideologien des 20. Jahrhunderts fungierten wie ein Religionsersatz, wie perverse Religionen. Sie beanpruchten einen totalen Erklärungsanspruch, sie lieferten geschlossene Sinnzusammenhänge und »befreiten« die modernen Menschen von der offenbar unerträglichen Freiheit. Ihre Monomanie wurde von Anfang an politisch geformt – und so erkannte Europa, dass das Gegenteil von Religion eben nicht der reife, aufgeklärte, humane Atheismus ist, sondern die politische Ideologie, die inhumane Anti-Religion.

Gerade wegen dieser traumatischen Kollektiverfahrung des zweiten Dreißigjährigen Krieges wächst das Bewusstsein, dass wir für den ethischen und gesellschaftlichen Zusammenhalt wieder mehr Religion – auch und gerade im vorpolitischen Raum – brauchen könnten. Was im ausgehenden 17. Jahrhundert als Säkularisierung begann, vollzieht sich nun unter umgekehrten Vorzeichen.

Deutsche wollen sichtbares Christentum

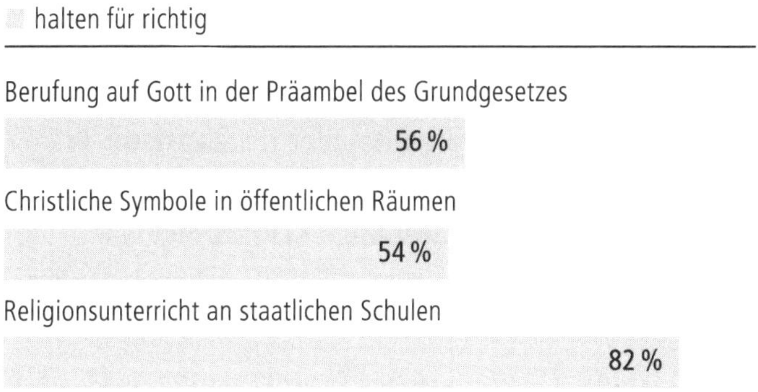

Quelle: Infratest Dimap 2002

Die strikte Trennung von Staat und Religion findet eine schweigende Mehrheit der Deutschen offenbar gar nicht wünschenswert. Das Bekenntnis zur christlichen Tradition und Kultur trifft im öffentlichen Raum auf ungewöhnlich große Zustimmung.

Das kulturelle Erbe Europas (und damit der gesamten westlichen Welt) trägt in seinem ethischen Kern die christliche Religion – ihre Forderung zur Nächstenliebe, Mildtätigkeit, Vergebung. Die von der europäischen Kultur formulierten Menschenrechte sind eine moderne Transkription der Bibel.

Insofern wird eine ethisch unsicher gewordene Gesellschaft in ihrer inneren Wertigkeit wieder reicher, wenn sie sich der Religion bewusst neu öffnet. Es ist darum kein Zufall, dass in fast allen ethischen Debatten – von der Abtreibung über das Klonen bis zur Sterbehilfe – die religiösen Vorbehalte die wirkmächtigsten

Widerparte einer totalen Laissez-Faire-Haltung geworden sind. Nicht dass religiöse Positionen per se immer ethisch gut und richtig sind – aber ihr schieres Dasein verlangt der Gesellschaft die ethische Diskussion ab. Gerade im vorpolitischen Raum – jener Ort, wo Fragen langfristiger Perspektive, tiefer Identität und ethischer Formation formuliert werden – wird der religiöse Diskurs immer häufiger geführt werden müssen. Und das ist gut für alle.

Im Kreise der modernen Religionskritik ist die These von der Pathologie des Glaubens entwickelt worden. Psychologisch begründet und von düsterer historischer Erfahrung geprägt, schien das Pathologie-Argument vielen einleuchtend. Inzwischen müssen wir erkennen, dass es auch eine Pathologie der Vernunft gibt. Der Verabsolutierung des Machbaren droht – ohne Einhegung durch Glaubenssätze – der totalitäre Umschlag. Selbst Jürgen Habermas spricht inzwischen von der »entgleisenden Säkularisierung«. Was Habermas als neuen, gefährlichen »Naturalismus« bezeichnet, ist im Grunde schon von Max Weber als Problem erkannt worden. Dessen Diagnose von der »entzauberten Welt« hat schon erkennen lassen, dass die Verwissenschaftlichung aller Bezüge – bis hin zur Neurophysiologie, Psychologie, Evolutionstheorie – am Ende den Menschen, die Natur, das Sein, die Ethik vollkommen entpersonalisiert.

In den großen ethischen Debatten unserer Zeit erwächst dem aggressiven Materialismus und Naturalismus die wiedererwachte Religion jedenfalls als einziger ernst zu nehmender Gegner. Wenn der Mensch tatsächlich – wie es Papst Benedikt XVI. einmal formulierte – in die Brunnenstuben des Seins hinabgestiegen ist, die Bausteine des Menschseins entziffert hat und sich selbst neu montiert, dann läuft er Gefahr, sich als Zarathustra zu fühlen – nicht mehr als Geschenk eines Schöpfers, sondern als Produkt und Macher seiner selbst und seiner Ethik. Der Fortschritt der Wissenschaft und die genetische Revolution machen das Moraldefizit der Moderne zur offenen Wunde. Denn augenscheinlich ist die moralische Kraft von Individuen wie Gesellschaften mit dem Fortschritt der Wissenschaft nicht mitgewachsen, ja, sie hat sich just in dem Moment versubjektiviert, in dem die Lebensumstände einer starken öffentlichen Moral bedürften wie noch nie. Dieses Paradox zwischen technischer Aufrüstung und moralischer Abrüstung wird dem Comeback der Religion den Weg ebnen, und zwar nicht nur als Reflex auf ein gefährliches Missverhältnis, sondern als Instrument, die Balance zurückzuerlangen.

Man kann diesen Prozess als »ethische Desintegration« betrachten, mit Max Weber den »Sinnverlust« oder mit Émile Durkheim das »Moraldefizit« erkennen – in den letzten Jahrzehnten hat sich die Erfahrung verdichtet, dass die ethische Balance der klassischen Moderne nicht mehr ohne Weiteres funktioniert. Der Verzicht auf Religion hat manchen Streit entschärft, aber auch einem

Verlust normativer Grundlagen der westlichen Gesellschaften Vorschub geleistet. Deshalb tritt ihre Bedeutung nicht als Konfliktursache, sondern als ein Mittel der kollektiven Selbstverständigung, der Konfliktbearbeitung und -bewältigung wieder deutlicher hervor. Schon Leibniz hat erkannt: »Der Zweck der Religion ist es, die Grundsätze der Sittlichkeit tief in die Seele der Menschen einzupflanzen.« Kann daran etwas falsch sein?

Die religiöse Bereicherung des ethischen Gehalts einer Gesellschaft besteht in mehrerlei Funktion. Zum einen führt ein steigendes Religionsbewusstsein zu einer größeren inneren Empfindsamkeit der Gesellschaft für ethische Fehlentwicklungen, zu einer informellen Widerspruchsinstanz. Zum anderen formuliert eine religiös geprägte Ethik immer ein Prinzip wider das Machbarkeitsverlangen der Vernunft. Denn wenn eine autonom hergeleitete Ethik die Kategorien von Autorität und Tradition zugunsten eines Konsenses der Vernünftigen opfert, läuft sie Gefahr, die Wünsche der Vernünftigen zu verabsolutieren. So kann es für eine Gesellschaft durchaus vernünftig sein, behinderte Kinder abzutreiben oder ältere Kranke in die Euthanasie zu schicken. Nur – ist es moralisch auch vertretbar? Diese Urteilskategorie kann sich nur von etwas Absolutem ableiten, von etwas über der Vernunft Stehendem.

Nun behaupten die Verfechter autonomer individualistischer Ethiken, dass wir Menschen lieber dem Gewissen als innere moralische Instanz vertrauen sollten, das uns zwischen Gut und Böse, Vertret- und Unvertretbarem sehr wohl unterscheiden lässt. Diese Haltung ist in den Gesellschaften des 20. Jahrhunderts stark verbreitet gewesen, sodass der Gewissensbezug oft zum letzten und einzigen Maßstab in Fragen moralischer Kontingenz geworden ist. »Das muss jeder mit seinem Gewissen ausmachen«, ist ein typischer Satz der massenhaften Moralindividuation durch die Verabsolutierung des Gewissens. Das Problem dabei ist nur, und darauf hat Klaus Berger in seinem jüngsten Buch »Von der Schönheit der Ethik« eindringlich hingewiesen: »Das moralische Gesetz in mir spricht nicht mit einer Stimme. Die hypertrophe Gewissensethik steht hinter einer zerfallenden Gesellschaft.«

Tatsächlich ist es so, dass wir heute feststellen müssen, dass wir vor lauter Gewissensentscheidungen nur noch die wechselseitige Toleranz als ethisches Gemeinschaftsprinzip akzeptieren. Das Gewissen ist derart überbetont, dass die Privatethik alles überlagert. Die Konsequenz ist, dass alle Werte, die nicht gesetzlich geregelt sind, privatisiert worden sind.

Da nun aber das Gewissen milieubedingt geprägt wird und sich höchst unterschiedlich entwickeln kann, stellt sich die Frage nach dem Maßstab des Über-Individuellen. Wenn zum Beispiel in einer Gesellschaft die Mehrheit nichts daran findet, dass einige aus Armut verhungern oder dass man Menschen klont, wie kommt sie dann zur kollektiv-ethischen Erkenntnis, dass das trotzdem nicht in Ordnung ist? Über ethische Enquete-Kommissionen – wie das im verunsicherten Deutschland gerne versucht wird? Am Ende braucht es archimedische Punkte der ethischen Normierung, die nur Religionen zu setzen vermögen und damit Kulturen prägen.

Wenn die Religion ihren privaten Rückzugsraum verlassen hat und die öffentlichen Plätze des Politischen wieder zusehends besetzt, dann ist dies nur möglich, weil dieser Prozess getragen wird von einer inneren Zuneigung der Gesellschaft zum Glauben. Nur die breite ethische Akzeptanz der Mehrheit öffnet die Tür für die Rückkehr Gottes auf den Marktplatz der Moderne. Wie der verlorene Sohn kehrt die säkularisierte Kultur zurück zu ihrem Vater.

Dies ist ein Vorgang, der Agnostiker zutiefst irritiert. Ob beim Tod Papsts Johannes Paul II. oder beim Weltjugendtag in Köln – man stellt verblüfft fest, dass die junge Generation religiöse Woodstocks feiert, dass der Glaube massenhaft aus den Intimräumen des Privaten hinaus in das offene Feld des Sozialen strömt, dass das Unterbewusstsein der Massen nicht mehr säkularer wird, sondern wieder metaphysischer.

Der Schriftsteller und bekennende Agnostiker Mario Vargas Llosa beschreibt die Lage so: »Wir haben uns geirrt, als wir behaupteten, die Menschen könnten ohne Religion auskommen. Aber nur eine Minorität ist in der Lage, Religion durch Kultur zu ersetzen. Die große

Mehrheit der Menschen braucht Transzendenz, den Glauben an eine andere Welt. Deshalb kann man die Religion nicht bekämpfen. Der Kommunismus hat es versucht – und ist nicht zuletzt daran gescheitert.«

Es gibt ganz offensichtlich jene urwuchtige spirituelle Kraft, die aus der Tiefe des menschlichen Wesens gespeist wird. Søren Kierkegaard wähnte gar: »Der Glaube ist die größte Leidenschaft des Menschen.« Man kann es auch Heimweh nach Gott nennen. Dieses Heimweh wird stärker. Vielleicht wird der Mensch des 21. Jahrhunderts wieder Mystiker, vielleicht wird sein Heimweh der Reflex auf die Raserei der Moderne, vielleicht wird der Religiöse der eigentliche Revolutionär unserer Zeit, vielleicht wird er irgendwann erklären: Credo, ergo sum.

Bibliographische Information Der Deutschen Bibliothek
Die Deutsche Bibliothek verzeichnet diese Publikation
in der Deutschen Nationalbibliographie; detaillierte
bibliographische Daten sind im Internet über
http://dnb.ddb.de abrufbar.

FSC
Mix
Produktgruppe aus vorbildlich
bewirtschafteten Wäldern und
anderen kontrollierten Herkünften

Zert.-Nr. SGS-COC-1940
www.fsc.org

Verlagsgruppe Random House FSC-DEU-0100
Das für dieses Buch verwendete FSC-zertifizierte Papier *EOS*
liefert Salzer, St. Pölten.

2. Auflage 2006

Layout und Satz: DVA/Brigitte Müller
Gesetzt aus der Minion
Druck und Bindung: GGP Media GmbH, Pößneck
Printed in Germany
ISBN 10: 3-421-04244-6
ISBN 13: 978-3-421-04244-6

www.dva.de